《读者》人文科普文库·"有趣的科学"丛书

KEXUEJIA GAOSUNI

科学家告诉你

《读者》（校园版）编

甘肃科学技术出版社

甘肃·兰州

图书在版编目（ＣＩＰ）数据

科学家告诉你 /《读者》（校园版）编 .-- 兰州：
甘肃科学技术出版社，2020.12（2024.6 重印）
　ISBN 978-7-5424-2790-8

　Ⅰ.①科… Ⅱ.①读… Ⅲ.①科学知识－青少年读物
Ⅳ.① Z228.2

中国版本图书馆 CIP 数据核字(2020)第 249018 号

科学家告诉你

《读者》（校园版）　编

总 策 划	马永强	富康年		
项目统筹	李树军	宁　恢		
项目策划	赵　鹏	潘　萍	宋学娟	陈天竺
项目执行	韩　波	温　彬	周广挥	马婧怡

项目团队	星图说
责任编辑	李叶维　韩　波
封面设计	陈妮娜
封面绘画	蓝灯动漫

出　版　甘肃科学技术出版社
社　址　兰州市城关区曹家巷 1 号　　730030
电　话　0931-2131575（编辑部）　　0931-8773237（发行部）

发　行　甘肃科学技术出版社　　印　刷　天津旭丰源印刷有限公司
开　本　787 毫米 ×1092 毫米　1/16　印　张 13　插 页 2　字 数 170 千
版　次　2021 年 1 月第 1 版
印　次　2024 年 6 月第 3 次印刷
印　数　15 101~16 150
书　号　ISBN 978-7-5424-2790-8　定　价: 49.80 元

前　言

　　面对充斥于信息宇宙中那些浩如烟海的繁杂资料，对于孜孜不倦地为孩子们提供优秀文化产品的我们来说，将如何选取最有效的读物给孩子们呢？

　　我们想到，给孩子的读物，务必优中选优、精而又精，但破解这一难题的第一要素，其实是怎么能让孩子们有兴趣去读书，我们准备拿什么给孩子们读——即"读什么"。下一步需要考虑的方为"怎么读"的问题。

　　很多时候，我们都在讲，读书能让读者树立正确的科学观，增强创新能力，激发读者关注人类社会发展的重大问题，培养创新思维，学会站在巨人的肩膀上做巨人，产生钻研科学的浓厚兴趣。

　　既然科学技术是推动人类进步的第一生产力，那么，对于千千万万的孩子来说，正在处于中小学这个阶段，他们的好奇心、想象力和观察力一定是最活跃、最积极也最容易产生巨大效果的。

　　著名科学家爱因斯坦曾说："想象力比知识本身更加重要。"这句话一针见血地指出教育的要义之一其实就是培养孩子的想象力。

　　于是，我们想到了编选一套"给孩子的"科普作品。我们与读者杂志社旗下《读者》（校园版）精诚合作，从近几年编辑出版的杂志中精心遴选，将最有价值、最有趣和最能代表当下科技发展及研究、开发创造趋势的科普类文章重新汇编结集——是为"《读者》人文科普文库·有趣的科学丛书"。

这套丛书涉及题材广泛，文章轻松耐读，有些选自科学史中的轶事，读来令人开阔视野；有些以一些智慧小故事作为例子来类比揭示深刻的道理，读来深入浅出；有些则是开宗明义，直接向读者普及当前科技发展中的热点，读来对原本知之皮毛的事物更觉形象明晰。总之，这是一套小百科全书式的科普读物，充分展示了科普的力量就在于，用相对浅显易懂的表达，揭示核心概念，展现精华思想，例示各类应用，达到寓教于"轻车上阵"的特殊作用，使翻开这套书的孩子不必感觉枯燥乏味，最终达到"润物无声"般的知识传承。

英国哲学家弗朗西斯·培根在《论美德》这篇文章中讲："美德就如同华贵的宝石，在朴素的衬托下最显华丽。"我们编选这套丛书的初衷，即是想做到将平日里常常给人一种深奥和复杂感觉的"科学"，还原它最简单而直接的本质。如此，我们的这套"给孩子的"科普作品，就一定会是家长、老师和学校第一时间愿意推荐给孩子的"必读科普读物"了。

伟大的科学家和发明家富兰克林曾以下面这句话自勉并勉励他人："我们在享受着他人的发明给我们带来的巨大益处，我们也必须乐于用自己的发明去为他人服务。"

作为出版者，我们乐于奉献给大家最好的精神文化产品，当然，作品推出后也热忱欢迎各界读者，特别是广大青少年朋友的批评指正，以期使这套丛书杜绝谬误，不断推陈出新，给予编者和读者更大、更多的收获。

丛书编委会

2020 年 12 月

目　录

难忘太空生活的 55 个昼夜

【美】玛莎·埃文思

章 江 编译

玛莎·埃文思，美国宇航局前宇航员，其太空飞行经历充满神奇的色彩，她执行过多项任务，于 2010 年 11 月正式退役。

当你离开地球家园时，所受到的那种情感上的冲击是无法预测的。你低头俯瞰地球，意识到自己已经不在地球上了，这种场景令人震撼不已。我先后执行过美国宇航局的 5 次航天任务，总共在太空中度过了 55 天。这些经历让我明白，进入太空飞行并不仅仅是一个令人震撼的瞬间，那种感觉既非常神奇，又无比平淡。它拥挤嘈杂，偶尔使人不舒服。在太空中旅行，至少用我们今天这样的方式进行，并没有我们想象中的那样刺激，却有着难以抵御的巨大诱惑力！

完全可以想象，当你在发射塔顶部坐着，身体下方堆积着 3 万多千克易爆的火箭燃料时，你该有多么紧张和忧虑。但实际上在你进入航天飞机等待发射的两个小时里，并没有太多的事情可做，许多宇航员只好打个盹儿来消磨时间。在飞行系统接受数千项发射前的检查期间，你如同一袋土豆似的被安全带绑在座位上。有时你不得不醒来回应地面指挥中心的询问，回答"知道了"或"明白"。但发射本身完全是另一回事，用 8.5 分钟从发射台到轨道，然后全程加速，达到 2.8 万千米 / 小时的轨道速度。

适应零重力状态

事实上，一旦你进入轨道，随之而来的零重力对身体有一定的好处。因为没有重力，体液朝头部涌去，让人体从根本上来了一个翻新改造，肚子变得扁平，觉得身体被拉长了，因为你长高了 2.5~5 厘米。

然而零重力也会产生一些不利的影响，随着体液流向头部，你的头会痛得很厉害。身体在头几天需补偿损失的 1 升液体，因为我们基本上用不断撒尿的方法使头痛感消失，很多人会想呕吐。要使自己觉得更舒服，其中的一种办法是设法恢复"上下"的感觉，使自己的视觉系统确信"上"就是头部所处的位置，"下"则是脚所在的地方。当你能够这样做时，你就可以逐步适应零重力的状态。每经历一次太空飞行，这种对零重力的适应性就来得更快一些，因为身体会记住在太空中出现过的状况。等过几天胃部最终平息下来时，你才会开口问："午餐吃什么？"

在任何一次太空飞行中，我吃得都不是很多。即使在地球上，我的饭量也不大，食物在太空中的味道变得与在地球上的味道完全不同。我曾经随身带了一块很大的巧克力，但吃起来感觉味道像蜡一样，很令人失望。但你不是为了品尝美食去太空的，无论是在航天飞机还是在国际空间站里，都没有办法做饭。太空食品都已经事先被煮熟，然后再进行冷冻干燥或真空包装。食用前加一点水，再放进烤箱预热。或者像军用速食食品一样，是一种热稳定食品。机舱里没有冰箱，无法保鲜食品，因此，在航天飞机上执行任务的初期，我们不得不尽可能地吃新鲜食物，通常是苹果、橘子和葡萄柚等水果。

奇特的睡觉方式

太空生活中最奇特的经历之一是睡觉，而这在地球上是再简单不过的事情了。在航天飞机里，你可以将睡袋捆绑在墙壁、天花板或地板上。只要你喜欢去哪里睡，你就可以在哪里睡，就像露营似的。睡袋上设计了两个袖孔，你可以从中伸出手臂，拉起睡袋的拉链，接着将围绕身体的魔术贴扎带拉紧，使自己感觉被裹住了一样。然后你用另一根魔术贴扎带将自己的头部捆绑在枕头上——说是枕头，实际上就是一块泡沫，可以起到放松脖子的作用。如果你没有把手臂放进睡袋里，它们就会在你面前飘动。有时候早上醒来看到一只手臂在眼前飘动时，你心里会想："哎呀！这是什么东西？"直至你意识到，原来它是自己的手臂。

在执行航天任务的大部分时间里，我都睡在气闸舱里，它位于航天飞机乘员舱的中层甲板舱内。因为不进行舱外活动时，没有人会在那里工作，所以，气闸舱就像是我的私人卧室。它也是航天飞机里最冷的地方，温度只有20℃左右。我睡觉时自有办法，将手臂放进睡袋中，并且身上穿4层衣服。有时我会把一袋食物放进烤箱里，待加热后，将它像热水袋一样扔进睡袋里。在我进行第5次航天飞行的最后两个晚上，我把航天飞机的飞行甲板定点为睡觉的地方，将睡袋捆绑在位于飞行甲板顶部窗口下面的位置。航天飞机飞行到一定位置时，地球会出现在窗口，醒来后我惊讶地发现，整个世界赫然展现在自己面前，而且在那一瞬间，就只为我一个人。

轻松的太空旅行

在我看来，太空飞行最令人吃惊的事情是让人十分放松。当你在地球上时，你几乎无法切断和外界的联系，人们可以随时找到你。然而一旦置身于太空，你就能够真正做到远离人世了。你可以和地面进行通讯、发送电子信函，却没有太多需要排解的生活烦恼，比如说，有没有付清账单，有没有喂狗。我觉得这些日常琐事都停留在大气层里了，自己彻底从地球上解放出来。但是等我们返回地球时，所有的世俗琐事就会重新纠缠于身。

对于进入太空，我从未有过腻烦。每次回到地球时，我也从来没有极好的感觉。我的内耳在返回时会因为重力而变得不可思议的敏感。内耳能让人在地球上保持平衡，而它在太空期间基本上是关闭的。平衡感在刚刚回到地球时会消失，因此，每次回到地球，我都必须重新学习怎样在重力场里走路。如果我转动头部，我就会跌倒。在太空飞行时未使用的肌肉需要重新活动起来，以便帮助我掌握行走、站立和拿东西等日常动作。我可能需要用数天或数周的时间进行锻炼，才能够重新适应地球上的生活。

太空生活充满艰辛但又令人兴奋，它非常可怕但又有说不清楚的吸引力。我真希望能马上回到太空中去。

追逐"墨子号"的量子世界引领者

冷无霜

逐梦者

在全球的量子通信技术竞赛中，中国起步远远落后于欧美等发达国家。但是在中国科学院院士、中国科技大学教授潘建伟的带领下，中国成功地实现了"弯道超越"，并成为世界上首个将量子科学实验卫星送入太空的国家。

17岁那年，潘建伟考上了中国科技大学，在选择学习数学还是物理专业时，他的中学老师韦国清告诉他，数学完全靠自由思想的创造，在很大程度上像是智力游戏，而你感受鲜活、对事物敏感、善于发现规律，更适合学习物理，潘建伟听从了老师的建议。开学第一天，他读到了《爱因斯坦文集》的自序。他说："那是一种天籁，量子力学所预言的种种奇特现象，以及量子力学诞生一百年来对人类物质文明进步所带来的巨大变革，使我一下子迷上了量子物理。"一篇文章改变了潘建伟，探究量子世界的各种奇妙现象成了他终生奋斗的目标。

潘建伟对量子力学着了迷。大学毕业选择导师和去哪个国家留学时，潘建伟迟迟没有做出决定，眼看其他同学都顺利出国，家人有些着急。潘建伟对家人说："不能为了出国而出国，我要选准方向，选对导师，学最先进的技术将来回国效力。"

一开始，潘建伟选的是一位诺奖得主，但是年纪比较大。如果跟着他读博士，将来就业肯定没有问题。但比来比去，潘建伟选择了师从这位诺奖得主的弟子塞林格教授。

潘建伟来到奥地利维也纳大学。初次见面，塞林格教授问他："你将来有什么打算？"潘建伟回答："我想在中国建一个世界一流的量子物理实验室。"

潘建伟一头扎进了量子力学的研究，为了在导师面前露一手，他根据自己在国内的研究经验，用了一个多月时间，酝酿了一个对量子态进行隐形传输的实验方案。他反复修改，觉得很完美了，便在实验小组里报告他设想的方案。然而，当报告结束时，所有的人都捂着嘴偷笑。塞林格忍住笑问他："潘，你不知道我们的另一个小组正在做这个量子态隐形传输的实验方案吗？"潘建伟一听，马上要求加入另一个实验小组，考虑再三，塞林格接受了他的请求。

在导师的指导下，潘建伟开始在这一领域奔跑。仅仅一年时间，他就和同事合作在《自然》杂志上发表论文，宣布在实验中实现了量子态隐形传输，这被公认为是量子信息实验领域的开山之作，《科学》杂志将其列为年度全球十大科技进展。

潘建伟取得博士学位后，要回国效力。塞林格教授反复做他的工作，要他留在自己身边："潘，你回国连个实验室都没有，也没有学术氛围，在这里你很快就会成为世界顶级的科学家。"潘建伟拒绝了教授的好意："您还记得我们第一次见面时我说的话吗？该是我兑现诺言的时候了。"看到潘建伟如此坚决，塞林格不解地摇着头说："年轻人，你太任性了，你会后悔的。"

追随者

潘建伟回到国内，却发现自己过于理想化了。他发现量子信息研究在国内还是一片空白，不仅不被承认，甚至还被认为是伪科学。他向几所著名的高校和国家相关科研院所申请科研经费，建立量子力学实验室，却没有收到一丝回音。苦恼的潘建伟申请了几个国外大学的教职，边教学边等待机会。

就在这时，他的那篇有关量子态隐形传输的论文被《自然》杂志选入"百年物理学 21 篇经典论文"，一同入选的，还有"爱因斯坦建立相对论"等重大成果。消息传到国内，潘建伟提交的科研项目申请终于有了眉目。他说："以前，我们在科研领域常常是追随者和模仿者，国家重大科研项目的选定和设立，都要先看看国际上有没有做过。现在，我要力争改变这种状况。量子信息是一个全新的学科，我们必须学会和习惯做领跑者和引领者。"

2001 年，潘建伟开始在母校中科大组建量子力学实验室，中科院和中科大及时给了他"输血式"的支持，两家给他提供了690万元的研究经费。

有了资金，潘建伟渡过了第一道难关。然后第二道技术难关接踵而至，国内的研究水平和人才储备都很薄弱，必须与国际先进实验小组保持密切联系。于是，潘建伟回到塞格林教授身边，从事多光子纠缠方面的合作研究。这段时间，潘建伟把一天当作两天用，一边在国外学习经验，一边指导国内研究生建立实验室。有付出就有回报，不到一年，潘建伟带领的年轻科研团队，在权威杂志《物理评论快报》上发表了 7 篇论文。2004 年，潘建伟在国际上首次实现了五光子纠缠和终端开放的量子态隐形传输，这个成果刊登在《自然》杂志上后，入选了欧洲物理学会和美国物理学会评选出的年度国际物理学重大进展，这对中国科学家来说还是第一次。

潘建伟感到了人才的紧缺，他向中科大的领导建议，招收相关专业的研究生和博士后，然后送到德国、美国、奥地利等量子信息研究的优秀国际小组学习，逐渐完成了量子科技的人才和技术团队建设。

2008 年 10 月，潘建伟和他在德国的团队整体回国。他说："搬家的清单足足列了 120 页，大到激光器，小到 12 毫米的镜片，全部被搬回来了。"

量子世界在他面前展现了一幅风光无限的绚烂画面，潘建伟感觉浑身有着使不完的力气。

领跑者

中科大的量子物理实验室常常灯火通明，潘建伟和他的团队每天工作 15 个小时以上，通宵工作更是家常便饭，一项项科研成果不断涌现。

2008 年年底，潘建伟在合肥建立世界上首个光子电话网，实现"一次一密"加密方式的实时网络通话，真正做到了"电话互联互通、语音实时加密、安全牢不可破"的量子保密电话网络系统。在接下来的 3 年里，他又分别建成了国际上规模最大的量子通信网络——"合肥城域量子通信试验示范网络"和"济南量子通信试验网"，标志着大容量的城域量子通信网络技术完全成熟了。2012年年底，潘建伟团队的量子通信装备在北京投入常态运行，为十八大等国家重要政治活动提供了信息安全保障。

2016年8月16日1时40分，中国在酒泉卫星发射中心，用长征二号运载火箭成功发射了世界首颗量子科学实验卫星"墨子号"。在现场观摩的潘建伟和团队成员紧紧相拥，流下了激动的泪水。这意味着我国在量子物理这个可以打开人类未来新世界大门的尖端学科中站到了最前沿，量子卫星将让中国在防御黑客方面走在世界前列。

国家给了潘建伟一系列的荣誉：中国科学院院士、何梁何利基金科学与技术成就奖、国家自然科学奖一等奖。潘建伟成了中国物理学的领军人物，有人说他是中国距离诺贝尔物理学奖最近的人。

潘建伟有时也忧心忡忡，有一次他应邀去一所著名的中学做科普演讲，为了让学生能听懂，他尝试用最生动浅显的方法讲量子叠加态、量子纠缠，结果他发现下面的学生不是在交头接耳，就是在用手机自拍、玩游戏。

他想到了有一年，他在阿尔卑斯山大峡谷游玩，一位80多岁的老太太坐在轮椅上，看到潘建伟问他是干什么的。潘建伟回答是做量子物理的。老太太又问："你做量子物理的哪一方面？"他回答说："是量子信息、量子态隐形传输。"老太太说："我读过你在《自然》杂志发表的那篇文章。"潘建伟看到老太太专业地和自己讨论，差点儿惊掉了下巴。他没有想到这样岁数的一位老太太，竟然会去读艰涩难懂的科学期刊。

许多人问潘建伟："中国人为什么拿不了诺贝尔物理学奖？"他说："这或许就是答案，我们所缺的不是少学了多少个物理学定理，而是在课堂上，失去了对物理学最初的好奇。"

·摘自《读者》(校园版) 2017 年第 9 期·

动物园管理员手记：金丝猴的脐带和记仇的大象

杨 毅

不花钱逛动物园

我对小时候住的北京城，记忆最深的是夏天的蜻蜓和蝉、冬天的黄鼠狼、草丛里的刺猬，还有后三海里边的原生鱼类和虾类。

小时候家长带着去动物园玩，别人家的孩子都是一个月去一次，我是每周去一次。同龄人都在玩任天堂红白机的时候，我在看《动物世界》；大家都在看日本漫画的时候，我在看《动物图鉴》。

后来，我上了园林学校，读专门给动物园代培的"野生动物饲养管理"专业。

亲戚们都说："你年纪轻轻的，应该考虑怎么挣钱、怎么上一所好学校，而不是刚步入社会就去给大牲口倒屎倒尿。"其实直到现在，仍然有很多人看不起动物园管理员。

在学校待上一年，之后的两年就可以去单位实习了，刚参加工作时最让我感到欣慰的是，我终于可以不花钱逛动物园了。

动物都特别直接

实习第一天，我们像一堆大白菜一样，等着"买主"来挑。那天，一帮老员工来挑人。"这小伙子不错，跟我走吧。"大家都喜欢那种长得五大三粗的，因为他们能抢得动铁锹、抢得动扫把，还能倒垃圾。我这个瘦得跟豆芽菜似的人，最后被派去养猴了。

上班第一天，老师傅叮嘱我不要看它们，因为对视对猴子来说是一种挑衅，要给动物留出空间来。大多数动物其实是害怕人的，很多时候攻击人类也是万不得已。

最开始，我几乎每天被它们袭击，后来，慢慢变成一种平等的状态，我能接触它们，甚至还能抚摸它们。人跟动物之间就应该是一种平等的关系，没有谁高谁低。摆正心态跟动物相处，动物才能给你展现最好的一面和最自然的行为。

动物不像人，会在背地里给你使绊子、挖坑，它们特别直接：要咬你就扑上去咬，喜欢你就直接躺在你怀里，让你给它梳理毛发。这就是我在动物园工作这么多年以后不太喜欢其他工作的原因。动物永远对你特别直接，而人不是。

给金丝猴剪脐带

2006年，一只母金丝猴在流产过一回之后终于成功生下一只小崽，但还留了一截脐带在小崽的肚子上。我们怕它活动的时候刮到肚子导致严重的后果，于是决定帮小崽剪掉脐带。

虽然每天与它们接触，但我也不知道自己对于这些金丝猴来说，是一个什么样的存在。

那天，消毒完毕后，我拿着食物就进去了。那只母猴正抱着小崽，给它喂东西吃。我跟母猴聊天："我一会儿会给你的孩子处理脐带，你别碰我，我也不碰你，我更不会伤害你的孩子。"其实它肯定听不懂，聊天就是为了给我自己一个心理安慰。

我站在笼舍里，刚说完话，母猴便把它的小崽的手直接放到了我手上，当时我的眼泪马上就掉下来了。这几乎是在所有野生动物身上不可能出现的事情，尤其是灵长类。野生动物可以为了自己的孩子做任何事情，甚至自己被打死，也要保护孩子。

对于我来说，这是何等的信任。脐带处理也因此进行得特别顺利。

这只小崽长大后去了成都，现在在香港海洋公园。我仍然时常去看它。

记仇的大象

照顾动物这项工作是有一定危险性的，我有一次就被大象打飞了。那是一头6岁左右的小公象，体重半吨左右。在我给它放完食物以后，它用鼻子直接抽打了我的肩膀，造成我锁骨骨裂。

大象这种动物本身不伤人，它之所以打我，都是动物表演惹的祸。

一般母象生完小宝宝以后，小宝宝要跟妈妈生活6至7年，妈妈才能进行下一次生产。大象从怀孕到生产大约需要22个月，在这期间，小象必须经过自己族群的帮助，最终获得脱离群体、独自生活的技能。

而不幸成为表演象的小象，1岁左右就被强制与母亲分离，接受一些带有虐待性质的训练。比如用锁链把 4 条腿绑起来，用象钩把它们打服，甚至还会用倒链把小象吊起来，训练倒立。

大象的智商很高，相当于五六岁的小朋友，这种疯狂的虐待会极大地摧残它们的意志。

动物园展出的象很多都是原来的表演象，从小就受过很多刺激和虐待，所以它们不信任人类。回头想想，这是它们的错吗？其实不是。

后来我们为了给这只公象创造一些展示自然行为的条件，在室外堆了一些大土堆和沙子堆，让它自己玩儿，又给它挖了一个大泥坑，让它可以做泥浴，还做了一些木桩，让它可以蹭痒痒。

饲养员每天辛辛苦苦地照顾它，它能感觉到现在身边的人是不会伤害它的，所以身心都慢慢地调整过来了。这头大象现在的状态非常好，去了太原动物园。

狞猫的成功繁殖

2009 年，我养过一只狞猫，狞猫是一种非洲的中型猫科动物。

当时主要面临两个问题：一是这种猫在国内没有人养过，我不知道该如何给它设置大环境；二是繁殖问题，大型食肉动物生了小宝宝以后，如果受到外界刺激，第一反应可能是把孩子遗弃或者咬死，自己养不了，也不能让其他人接触自己的孩子。

这对我来说是一个很大的挑战，没有现成的经验，我只能自己去查资料。狞猫在非洲的野外主要以鹧鸪、珍珠鸡这些灌丛禽类为食。所以我也主要给它准备禽类食物，辅以一些羊脆骨和兔子的尸体。

后来我发现这只母猫的肚子一天天大了起来，它怀孕了。

有一天，这只母猫突然躲在树桩后面不出来，放的食物也没有吃，只发出"嗞嗞"的叫声。第二天,它叼着一只小猫出来了,在屋里四处溜达。

那时候为了让它们熟悉环境,我一个多月没换过工作服,就是怕原来它在我身上留下的气味随着更换工作服而消失。

那只猫宝宝存活以后,我高兴地想,这也算是国内狞猫首次成功繁殖的案例了。

共生

在动物园工作了 20 年,除了管动物的生,我也给很多动物送过终。包括北京动物园的最后一只云豹、最后一只扫尾豪猪、最后一只荒漠猫,这些动物都特别稀有,现在想找也找不到了。

动物死的时候我都觉得十分伤心,经常想,会不会是因为自己没照顾好它们,但转念一想,也许它 12 年的寿命在我的照料下又多活了 6 年,相当于人类的 200 岁了。

国际上的动物园之间,一般会有比较密切的合作,动物园之间会协调调配动物,一来在交配的时候可以保证不是近亲繁殖,二来也可以避免再次从野外捕捉,为这些动物的保育和将来放归自然提供条件。

相比之下,中国的动物园比较各自为政,大家更热衷于比较谁家的狮子多,谁家的老虎多,谁家的大象多,而很少关注动物本身。

作为一个动物园工作人员,我其实也不希望动物园存在,最好动物都能在自然环境下生活、成长。但实际的情况是,人类已经侵入了动物的每一块栖息地,越来越多的动物被列入濒危名单。

动物的适应性比人类强得多,像红隼这种小型猛禽,能够在高层楼房的大玻璃墙角筑巢,能在高楼大厦中间穿梭寻找食物,一个黄鼠狼在地下车库里就能够生自己的宝宝，刺猬在小花园里就能觅食。它们是地球上的本土居民，我们人类除了智慧在进化，其他生存能力远不及其他动物。

我们尽量不要打扰它们的生活，因为地球不光是人类的，还是所有动物、植物以及其他生物共同的家园。

·摘自《读者》（校园版）2019 年第 11 期·

与山地大猩猩四目交投

尤 今

想看山地大猩猩的愿望，是我多年以来暗藏于心的一颗种子，蓄势待发。

双足一踏上非洲大陆，我便知道，这个心愿对我来说，已不再是海市蜃楼了。

在卢旺达深不可测的丛林里，我终于在咫尺之遥看到了朝思暮想的山地大猩猩和它庞大的家族。

和它四目交投的一刹那，我心跳如鼓。

在它纯净的眼神里，我看到了毫不设防的无邪，我看到了明朗静谧的童真，像澄澈的阳光，像温柔的月光。

此刻，在仅仅一两米的距离，和我对视的庞然大物是一只"银背家族"

的成年雄性大猩猩,它高约2米,背部有一束闪闪发亮的银色毛发,脚很长,手更长。它直直地向我走来。丛林导游朱莉压低声音说:"别和它对视!"我赶快移开目光,它从容地与我擦身而过。朱莉解释道:"山地大猩猩有时会把人类的对视误以为是一种挑衅的行为,为了自卫,它可能发动袭击。"

山地大猩猩是群居动物,每一群由一只"银背"成年雄性领导。我们看到的"银背领导",拥有9个"妻子"和15个孩子。

山地大猩猩是素食动物,这一刻,在温柔阳光的照射下,大大小小的猩猩或坐或站或攀爬在树上,嚼食的声音此起彼落,到处都是饱食的幸福。丛林里,可供猩猩食用的植物有200余种。有趣的是:如果吃笋太多,它们便会出现"醉笋"的现象,上蹿下跳,无片刻停歇。朱莉说,猩猩食量极大,日出时吃,正午时吃,日落时还在吃。哈哈,看起来,大猩猩比人类更懂得"民以食为天"的真谛啊!等到夜幕低垂时,胃囊饱胀的猩猩们才心满意足地酣眠于月色下。

正看得兴味盎然时,突然听到"银背领导"对着一只小猩猩发出了愤怒的吼叫声,我吓了一大跳。熟知猩猩个性的朱莉笑了起来,说:"是家长在教训无知小孩啦!"原来猩猩群里有个规矩:特别美味的罕见植物,是要留给长者的。那个馋嘴的"少年"触犯了族规,因而惹得领导大发雷霆。

山地大猩猩被昵称为"温和的巨人",它们的基因和人类相似,谙通人性。

朱莉给我们讲了一则非常动人的故事。

性情凶猛而脾气暴戾的非洲水牛,攻击性极强,伤人事件时有发生。它们善于群起而攻,由一头成年雄性水牛带头,组成大方阵,以高达60千米的时速,冲向攻击目标,把对方狠狠地践踏成肉泥,堪称异常危险的非洲猛兽之一。

那一回，朱莉和 8 名游客正在丛林里观赏大猩猩时，"银背领导"突然走向了她，焦急地发出了尖叫声。研究表明，山地大猩猩会通过 25 种不同的声音彼此沟通。而根据朱莉了解，一般低沉的咕噜声，是用于交谈的；呃呃的打嗝声，是饱食后满足的表现；隆隆的吼叫声，是用于纪律约束的；至于尖叫声，就是警告的信号了。朱莉和猩猩长年相处，知道"银背领导"嗅到了危险的气息，因而毫不犹豫地领着游客跟随大猩猩群走向安全的丛林腹地。事情过后，朱莉从遗留下来的足迹知悉，有一大群水牛曾经路经这儿。"银背领导"在自救的同时，也尝试拯救被它视为朋友的导游，可谓仁至义尽了！

众所周知，山地大猩猩是濒危动物之一。20 世纪 80 年代，在人类的捕猎、疾病、战争及失去栖息地等种种不利因素的影响下，山地大猩猩仅仅剩下 200 多只，幸而美国一位动物学家戴安·弗西适时地警响了警钟。

戴安·弗西原本在美国肯塔基州的儿童医院工作，后来兴趣转移，在英国剑桥大学攻读了动物学博士学位。

1963 年，她到东非旅行，旅途中结识了人类学家李奇。在海拔 3000多米高的维龙加火山群上，她第一次接触充满灵性的山地大猩猩，并对它们的生活习性产生了浓厚的兴趣。1966 年，戴安·弗西接受李奇的邀请，又来到了卢旺达，在维龙加山脉的丛林里，展开了对山地大猩猩的研究工作。

起初，戴安·弗西只是在丛林里偷偷地跟踪山地大猩猩，悄悄地观察它们的一举一动；后来，为了能够更接近它们，她模仿它们的声音，表达善意，渐渐地取得了它们的信任。后来，猩猩们习惯了她的存在，也敞开心扉接纳了她。其中有一只名叫"迪吉特"的雄性猩猩，还和她成了朋友呢!

经过多年仔细的观察与研究，戴安·弗西发现，山地大猩猩善良温驯、性喜和平，绝对不会主动对人类发动攻击；除非是受到挑衅，才会为了自卫而使用武力。它们和传说中那凶猛残暴的恶兽是截然不同的。

1978 年，上述那只友善的猩猩"迪吉特"竟然被偷猎者残忍地杀死了，戴安·弗西如遭雷击，伤心欲绝。岂料 6 个月之后，她熟悉的一个大猩猩家族也被全部杀害了。义愤填膺的戴安·弗西正式向偷猎者升起了"宣战"的大旗，她积极组织巡逻队，高价悬赏捉拿偷猎者。她以沉重笔调写成的《反对猎杀山地大猩猩》一文，在大名鼎鼎的《国家地理》杂志刊登后，受到全球瞩目，捐款纷纷而至。

1978 年，戴安·弗西用捐款成立了"迪吉特基金会"，并用以支持保护与研究山地大猩猩的工作。

1983 年，《迷雾中的大猩猩》一书面世，戴安·弗西在书中以生动翔实的笔调，叙述了她在卢旺达丛林研究山地大猩猩的长达 18 年的艰苦经历与成果，全面揭开了原本蒙在山地大猩猩身上的神秘面纱。根据这部书改编而成的同名电影，犹如当头棒喝，让全世界意识到山地大猩猩面临的危机。

让人更为震惊、难过的是，四处呼吁保护山地大猩猩的戴安·弗西，却不能保护自己：1985 年，年仅 53 岁的她，在研究营地被枪杀，凶手迄今未被抓获。

戴安·弗西的生命终结了，可是，她留在日记里的最后几句话，却成了令人醍醐灌顶的经典语句："当你了解到一切生命的价值，你就不会纠结于过去，而会致力于保护未来。"

戴安·弗西多年不懈的努力，并没有随着她的逝去而付诸东流。如今，山地大猩猩已被卢旺达政府和其他一些国际机构立法保护了。在 20 世纪 80 年代，全球山地大猩猩只剩下 200 余只；到目前，已有 800 余只了（408 只在卢旺达和刚果，400 只在乌干达）。令人振奋的是，这个数字仍在不断增长。

乌干达政府在倾尽全力保护山地大猩猩之余，还一石二鸟地将"观赏大猩猩"发展为遐迩闻名的观光项目，借以增加收入——每名游客必须支付 750 美元申请一张观赏许可证。有关方面相信，认识能促进了解，了解能激起关心，关心有利于保护。

卢旺达火山国家公园坐落于维龙加山脉，里面只有寥寥 10 个山地大猩猩族群。为了不让蜂拥而来的游客干扰它们日常的生活，公园管理局每天只允许 10 组游客（每组 8 人）进入丛林追寻它们的踪迹。一旦寻着了，也只有 1 个小时近距离接触的时间，之后便得撤离了。

那天，我们一组 8 人在导游朱莉和荷枪的监护人员陪同下，进入了深不可测的丛林。地上蔓藤树根纠缠，头顶枝丫树叶刮面；地势高高低低、凹凸不平，地面坑坑洼洼、泥泞不堪。我举步维艰，趑趄而行，几次三番摔倒，辛苦不堪。如此折腾了四五个小时后，忽然传来"佳音"——领头的监护人员在泥径中发现了大猩猩刚刚排出的濡湿粪便。这意味着大猩猩就在前面不远的地方了。大家精神大振，加快了脚步。

果然，没走多久便看到上述那只背部闪着银光的雄性大猩猩。它就直直地站在那儿，以长长的手臂抓着茂盛的树叶"咔嚓咔嚓"地吃着。由它领导的 20 余只大猩猩，也散在不同的角落，吃啊吃；对于我们这些好奇的围观者，它们连眼皮也懒得抬一抬。有一只母猩猩，亲昵地抱着幼崽在哺乳；另一只小猩猩，吃饱了之后，惬意地躺在地上，露出了圆滚滚的肚皮。

这是一个没有恐惧、忧虑、暴力、饥饿的地方,这是一个充满了爱和温情的世外桃源。

我的耳畔,忽然响起了戴安·弗西的话:"当你了解到一切生命的价值,你就不会苦苦地纠结于过去,而会致力于保护未来。"

戴安·弗西恬和的笑脸,也在这时清清楚楚地在猩猩群中闪现出来了……

·摘自《读者》(校园版)2019 年第 3 期·

一个鸟类法医的神奇工作

李婷婷

飞机撞上鸟，大概是乘客们一辈子的噩梦。也有幸运如 2009 年 1 月 15 日全美航空 1549 号航班的乘客，飞机起飞 1 分钟后撞上鸟，引擎失去动力，拥有近 30 年驾驶经验的萨利机长把飞机安全地降落在纽约哈德孙河河面上，无人遇难。当人们在惊叹事件的不可思议时，位于华盛顿的羽毛鉴别实验室里，以卡拉·多弗女士为首的鸟类法医正对事件的另一受害方——鸟儿们做身份鉴定。

实验室平均每天能收到 20 个装有鸟类残骸的信封，大部分鸟儿都是撞机而亡。它们死得惨烈，一只鸟被卷进涡轮机撕碎，飞行员甚至能闻到烧鸡的味道。寄来的残骸所剩无几，可能是一片羽毛、一块内脏搅着羽毛组成的碎片、一处血迹。如果羽毛完好，根据其大小、颜色、花纹、触感，对照着 65 万件鸟类标本——实验室所在的史密森博物馆拥有世界上第三多的鸟类收藏品，卡拉能在一两个小时内判断出这只鸟的种类。即便羽毛残破，放在显微镜下，那些独一无二的羽枝绒毛也能被鉴别出归属。即便只有一点血迹或者组织样本，也能提取 DNA 序列，在 DNA 数据库里比对出种类。

在这起轰动全球的 1549 号航班迫降事件里，实验室收到了 69 份不同的鸟类样本，包括一支擦拭过血迹的棉签、一小块烧焦的羽毛，还有污垢、油，甚至一小块机翼或发动机碎片。经过 20 份完整羽毛样本、54 张显微镜载玻片、26 条 DNA 序列的反复验证，卡拉确认引擎里至少卷入 3 只加拿大黑雁，其中 1 个引擎卷进了 2 只，加拿大黑雁的平均重量是 8 磅，而 1549 号航班的发动机只能承载 4 磅的鸟类撞击，这对发动机来说就是毁灭性的。

根据美国联邦航空局的数据显示，1990 年到 2012 年期间，美国每年应对鸟类袭击的成本高达 6.39 亿美元。"和飞机撞鸟事件相关的任何决策，都是基于我们所做的一切。"这份工作给卡拉带来巨大的成就感，"首先要知道撞上了什么物种。知道鸟的品种，就知道它喜欢吃什么，什么时候迁徙，喜欢在哪儿休息、闲逛。"90% 的飞机撞鸟事件发生在飞机起飞和降落阶段。对许多鸟类来说，机场是绝佳的栖息地——草原一般的绿地，积水就能形成一大片湿地。"如果你想把鸟吸引到你家后院，准备好食物、水、栖息地就行。但想让鸟远离机场，就得看看机场附近哪儿提供了食物、水、栖息地，然后处理掉。"

羽毛鉴别实验室每年要处理 9000 多起飞机撞鸟事件。其中一起事件解开了阿富汗巴格拉姆空军基地的未解之谜——一只不知名的大鸟搅进战斗机里，令军方损失了几百万美元。卡拉确定那是有攻击性的黑鸢，而一旦移走了靠近跑道和飞行路线的废物处理站，黑鸢也就飞走了。

坐在位于史密森博物馆的办公室里，卡拉每天打开来自世界各地的信封时就像拆礼物一样充满惊喜。她热爱这份侦探般的工作，她说："就像解谜一样，即便物种相同，收到的每个证据也和之前不同。"每天沉浸在海量鸟类收藏品里，对卡拉来说，能做点和现代人类安全问题有关的工作，就心满意足了。

·摘自《读者》(校园版) 2018 年第 2 期·

"学霸"康熙

田朝晖

发明微积分的德国数学家莱布尼茨，是一个不折不扣的康熙粉丝。

在他眼里，康熙就像一个备战高考的高三学生："求知欲强烈到几乎令人难以置信的程度。这位受全国文武百官顶礼膜拜的君主，竟然可以和传教士一天三四个小时地关在房间里，如同师生一般相处，熟悉精密仪器，共同钻研书籍。"

可为何一个皇帝要如此投入地学习西方科学？这恐怕要从一部历法的存废之争说起。

1645年，多尔衮颁行由传教士汤若望等人编写的《时宪历》，但新历法遭到钦天监官员杨光先的反对。杨光先说，大清朝可以存在亿万年，但新历法只编写了200年。他认为大清宁可缺好历法也不能容忍洋历法的存在。杨光先获得了重臣鳌拜的支持，于是《时宪历》被废除，汤若望、南怀仁等西方传教士入狱，杨光先任钦天监监正，吴明烜任副职。

不过汤若望、南怀仁被下狱后不久，北京意外地发生了地震，汤若望、南怀仁被释放。后康熙亲政，派人拿着历书询问南怀仁的意见。南怀仁毫不客气，指出康熙八年的闰十二月，应在康熙九年正月。康熙命令大臣们登观象台，实地测验谁对谁错。

结果，3次测验的结果都说明南怀仁正确，杨光先错误。于是，康熙下令革去杨光先的职务，命南怀仁为钦天监监副，管理监务，恢复使用《时宪历》。自此，这场关于历法的争执以西方传教士的胜利而告终。

这件事对康熙的触动很大，原本就对西方科学不反感的他，突然意识到要学习西方科学，他说："朕幼时，钦天监汉官与西洋人不睦，互相参劾，几至大辟。杨光先、南怀仁于午门外、九卿前当面赌测日影，奈九卿中无一知其法者。朕思己不知，焉能断人之是非？因自愤而学焉。"

对于康熙来说，因知识不足而产生误判，是他这个当皇帝的最不能接受的事情。

康熙在与俄国进行《尼布楚条约》谈判时，就意识到了精通俄语的重要性，于是回京后就设立了"内阁俄罗斯文馆"，让八旗子弟专门学习俄语。

康熙学习西方科学，第一位外籍老师是南怀仁，负责教授天文学和数学。此后又找了几位老师，也都有响亮的中文名：张诚、白晋和徐日升。后几位老师大大拓展了授课内容，不但讲天文历法和数学，还教授医学、化学、药学及人体解剖学。

康熙非常好学。据传教士洪若翰记录，康熙很容易就能听懂他们的课，而且学习热情高涨。康熙去北京郊区的畅春园（皇家园林，位于北京海淀区）休息时也不想中断课程，教士们没办法，无论天气炎热还是刮风下雨，都要去给康熙上课。教士们上完课离开后，康熙意犹未尽，经常自己复习所学内容，有时还会叫来几个皇子，听自己授课。

康熙不仅好学，而且爱做实验。

他喜欢把大臣们叫来看他测试天文，还在宫里设实验室制药，在皇子、皇女和宫女身上实验种痘，还亲自解剖过一只冬眠的熊……

最令人叫绝的是，他还出版了自己的科研论文：《三角形推算法论》。

因为康熙的好学，西方文化在中国一度盛行。康熙外出巡游时，常常带上传教士，同住一顶帐篷，同吃一桌饭菜。康熙的第一任老师南怀仁曾上书罗马教廷，请求抓紧时机，派遣更多的传教士来华，尤其是懂天文、物理的传教士。

虽然康熙如此热爱西方科学，但他并没有推动大清王朝科技的发展。近代教育家邵力子认为，对于西洋传来的学问，康熙似乎只想利用，只知欣赏，而从没有着意造就人才，更没有着意改变风气。梁启超也就此批评："就算他不是有心窒塞民智，也不能不算他失策。"

·摘自《读者》（校园版）2015 年第 1 期·

另一个世界里的乔布斯

张 弘

乔布斯离开我们已整整 3 年了。当对第 N 代苹果的期盼不再热切，一个问题浮了上来："乔帮主"还给人类留下了什么？

他的遗产清单上，除了苹果公司和那些神奇的产品之外，出乎意料地还有一连串动画片的名字：《玩具总动员》、《虫虫危机》、《怪兽电力公司》、《海底总动员》……而这些动画片都出自"皮克斯"（PIXAR）。1986 年到 2006 年整整 20 年间，皮克斯的老板正是乔布斯。

如果说《米老鼠》赋予动画片声音，《白雪公主》赋予动画片色彩，那么第 3 次的飞跃——赋予动画片 3D 效果，正是在皮克斯的《玩具总动员》里实现的。该片的导演、皮克斯首席创意官约翰·拉塞特曾在《纽约时报》上说道："史蒂夫·乔布斯是我非常亲密的伙伴，当我开始做《玩具总动员》时，他告诉我说："我做一部电脑，产品寿命最多 5 年，但如果你做动画做得好，这些片子就能够永远存在下去。'我想是他让我明白了动画片的潜力。"

或许有人会说，乔帮主不过是出钱的老板嘛。1986 年，被苹果公司一脚踢出去的乔布斯，用 500 万美元买下了卢卡斯影业一个濒临倒闭的电脑图形部门"皮克斯"，他并非要在电影制作上大展拳脚，而是看中了皮克斯的图形技术。他一度推出皮克斯电脑，想把动画片里的专业 3D 渲染技术变成大众消费品，结果可想而知。

但是皮克斯公司上下从未有人对乔布斯的愿景有任何怀疑，有人甚至说："当他开始讲话时，他可以控制人们的头脑。我看到他们都失去了自我判断力，他们只是坐在那里，看着他。我能从他们的眼中看到爱意。"

还记得皮克斯出品的动画片开头时一蹦一跳出场的小台灯吗？公司总裁埃德温·卡特姆说："史蒂夫·乔布斯就是皮克斯大家庭的一盏明灯。他先于我们其他人预见到了皮克斯的潜力，那是我们未曾想到的。史蒂夫给了我们机会，并且相信了我们那个疯狂的梦——制作电脑动画影片。他经常说，'要把它做好'。他是皮克斯成功的原因，他永远是皮克斯 DNA 的一部分。"

乔布斯在皮克斯植下了什么样的 DNA？

正像他在 2010 年 iPad 发布会上所说："科技与人文的结合，才让苹果制作出了 iPad 这样的产品。"在皮克斯，人们同样深信：艺术创作挑战技术的边界，而技术又反过来启发艺术创作。3D 技术运用于动画，最大的贡献是创造出了一个虚拟的立体世界，让故事里的角色和世界突然变得触手可及。

创造这个世界的是工程师吗？不，在皮克斯，"乔帮主"一律称他们为"艺术家"。无论皮克斯本身在 3D 动画领域中创造出多少不可能,他们至今都未曾放弃绘画与雕塑等传统艺术创作。

在皮克斯的角色创作原则中,有一条非常独特,叫"忠于角色的材质"。在角色设计造型敲定后,艺术家们会制作角色的黏土雕像或立体模型,以供计算器模型建构师和动画师参考。这一点,我曾在 2011 年的"皮克斯动画 25 周年全球巡展"上海站有幸一见。

你瞧《飞屋环游记》里的老爷爷卡尔和男孩小罗的雕塑,一个是敦实的立方体,一个是可爱的圆球体,不但对比鲜明,而且更巧妙地将老爷爷卡尔的固执、小罗的活泼淘气给捏了出来。

还记得机器人瓦力吗?皮克斯以 3D 计算技术为其铸模,又在铁皮模型表面饰以人工彩绘,彩绘后的瓦力模型少了一分高科技的硬冷,反倒是蒙上了一层时光流逝的沧桑感。

最有趣的莫过于《玩具总动员》。第二集中有玩具们在机场接受安检的情节,为此,动画师就让角色模型真的照了一次 X 光。巴斯光年、胡迪和大熊,肚子里该不该放些针头线脑,艺术家们为此吵了老半天。

艺术的世界不仅是复制现实,更是要创造出令人信服的情境,而在后一点上,除了要靠科技一展身手,恐怕还需要一点别的。

距离参观 25 周年展也已 3 年了,我一直难忘的是展览上的两面墙。一面是《海底总动员》里的鱼群造型,在动画片里它们不过一甩尾而过,根本无从仔细辨识,对于我们,只要小鱼尼莫(Nemo)一目了然,不就可以了?可是皮克斯的 6 位艺术家,还是在电脑上画了 120 余尾热带鱼,不仅色彩、身形各异,眼、鳍、鳞、尾也无一相同。

另一面墙上则画满了虹膜,据讲解员说这是创造各类动画人物时的备件,是要赋予动画片中的每一个角色一双与众不同的眼睛。生命,便从扑闪眼睛的那一瞬开始活了起来。

皮克斯的艺术家们——那些专注画虹膜、画小鱼的艺术家，无论是画在纸上还是电脑上，想来都是对手中的"匠艺"充满了热爱。就像乔布斯说的，成就一番伟业的唯一途径就是热爱自己的事业。

从这个意义上来说，皮克斯是乔布斯创造的另一个科技与艺术相拥的世界，而皮克斯的艺术家们，是另一个世界里的乔布斯。

在"乔帮主"的纪念日，问问自己："我找到让自己真正热爱的事业了吗？"

如果没有，继续寻找，不要放弃。跟随自己的内心，总有一天你会找到的。总有一天，你也会成为你的世界里的乔布斯。

·摘自《读者》（校园版）2015 年第 2 期·

物理学家霍金的娱乐简史

宣金学

72 岁的霍金要唱歌了，还是摇滚。这位 30 年前就丧失了说话能力的物理学家，将在英国老牌摇滚乐队 PinkFloyd 的新专辑中献歌一曲。

霍金的唱歌天赋，有赖于他所能发出的金属般的电子音。患卢伽雷氏症的他，只能借助贴在脸上的传感器感应脸颊肌肉运动打字，再用电脑声音合成器发声。而这种独特的声音，与原本就崇尚迷幻、前卫摇滚音效的 PinkFloyd 乐队完美契合。

他们的新专辑将在不久后发售，里面包含一首霍金的摇滚歌曲《滔滔不绝的霍金》。不过这可不是霍金第一次跨界摇滚圈。早在 1994 年，霍金就在该乐队的另一张专辑中过了一把摇滚瘾。

"曾经的数百万年，我们活着，全如鸟兽。"霍金诵读着歌曲引言，用一个调调读到底，"突然奇迹发生，释放了我们的想象力。"霍金的金属音与背景乐融合在一起，洋溢着他的专注与陶醉。

那时候的霍金已经年过半百。年轻时，他觉得自己有"悲剧性格"，从而一度沉浸在瓦格纳的音乐里。据说，唱歌是霍金的三大爱好之一，另外两个分别是物理学和打赌。

虽然在轮椅上困坐了40多年，看似安静的霍金先生，内心却跟他的想象力一样活跃与狂野。他从大西洋上的万米高空俯冲，体验25秒的失重感觉；他思考女人，认为她们全都是谜；他与英国查尔斯王子会晤，旋转轮椅翩翩起舞，结果轧到了王子的脚指头。

他甚至不仅要唱歌，还要演戏，他并不满足于孜孜不倦地探索宇宙的秘密，也一直想在娱乐圈发点光和热。

两年前，这位被称为"宇宙之王"的英国科学家，在热播美剧《生活大爆炸》中跑起了龙套。他与剧中智商爆棚、情商为零的科学家"谢耳朵"展开了一场对手戏。

霍金歪斜着脑袋，动作沉稳，眼神犀利，但着实算不上演技派，因为他坐在轮椅上一动不动，"嘀"的一声后机械性地开始念他在剧中的台词——永远是一个声调。即便如此，霍金的出现依然迷倒了傲慢刻薄的"谢耳朵"，后者为了见偶像不惜穿起小短裙。

可惜在科学界叱咤风云的霍金，并没有收视率上的号召力，他出现的那集收视率居然还下降了。

不论演技如何，霍金先生可不是影视圈的新手了。在科幻剧《星际迷航：下一代》里，霍金获得了其"进军"娱乐圈的第一个角色——饰演他自己。剧中，他在宇宙飞船"企业"号上和一群物理学家打牌，牌搭子包括牛顿、爱因斯坦。

"我自己也算是一名《星际迷航》迷，很容易就被说服去客串了一集。"霍金对这部片子爱得不行，在他的畅销书《果壳中的宇宙》中，大谈特谈黑洞、奇点、宇宙的维度的同时，还不忘炫耀一下这次"触电"经历："我把他们全打败了，可惜警报出现，我从未收到我赢的钱。"

没有在《星际迷航》中赢到钱，霍金却在喜剧动画片《辛普森一家》中赢得了名声。要知道，这部 25 年常映不衰的动画片，后面有一大串明星排队等着参与。此前剧组甚至以"在美国的知名度不够"为由，拒绝了万人迷贝克汉姆的加盟。

让贝克汉姆羡慕的是，霍金从第 10 季到第 22 季，多次以动画形式在片中出现，并亲自为自己配音。

关于这次演出，霍金说是由女儿露西牵线的。"我女儿认识《辛普森一家》的一个编剧，他说想写一个关于我的故事，我当即就接受了。"霍金说，"因为这肯定很有趣。"

这部在霍金看来"美国最棒的电视作品"中，参与配音的还有：美国前总统乔治·布什、比尔·克林顿，比尔·盖茨，传媒大亨默多克，流行天王迈克尔·杰克逊，奥斯卡影后伊丽莎白·泰勒，等等。

出生于伽利略逝世 300 周年纪念日的霍金，在娱乐界混迹 20 多年，已经算是老江湖了。他热衷于参演电视、电影，"不是影视明星，胜似影视明星"。他还活跃于各大名流场所，博取众人眼球。

关于他的传记电影拍了两部。10 年前的《霍金传》由著名影星"卷福"（本尼迪克特·康伯巴奇）主演，另一部《万有理论》于 2014 年上映。

有人说，霍金的走红是因为他那颗充分发达的大脑加上一具迅速衰败的躯体，正好符合人类对那种叫作科学家的"异类同胞"的想象。

可是，看似风光无限、广受欢迎的霍金知道，娱乐圈并不是那么好混的。他的传记中有这样一句话："作为一个娱乐文化人物，霍金已经赢得喝彩，但同时又被无数次挖苦讽刺。"在美剧《居家男人》第4季第15集中，霍金就被描述成一个暴脾气的教授。

英国的《卫报》点评美国公共广播公司拍摄的纪录片《走进霍金的宇宙世界》时说："这位著名的物理学家的确孜孜不倦地探索着宇宙的未知，但显然真正使他兴奋的是观众献给他的无尽的掌声。"

·摘自《读者》(校园版) 2015 年第 2 期·

弃北大读技校，自定别样人生

彭　燕　吴雪阳

2014年11月4日，第6届全国数控技能大赛决赛开幕式在北京工业技师学院举行。在会场上，一个看起来很沉稳的男孩代表参赛选手进行宣誓，他的一举一动吸引着媒体记者的眼球。他就是周浩。

周浩有足够让人惊讶的经历。3年前，他从北京大学转学到北京工业技师学院，从众人艳羡的高才生到普通技校的学生，从北大生命科学研究院人才储备军人员到如今还未就业的技术工人。这样的身份转变，真是让人不敢相信。但周浩这样做了，并且在谈起自己当年做的决定时，他表示"毫不后悔，很庆幸"。

遵父命上北大，没兴趣，痛不欲生

2008 年 8 月，顶着如火的骄阳，周浩踏上了去往北京的火车。

在当年的高考中，周浩考出了 660 的高分，是青海省理科前 5 名。他本来想报考北京航空航天大学，但这个想法遭到了家人、老师的一致反对——父母觉得这样高的分数不报考清华大学、北京大学就是浪费；高中班主任一直希望他能报考更好的学校。"我从小就喜欢拆装机械，家里的电器都被我拆掉重装过。北京航空航天大学有很多实用性的课程，这比较合我的胃口。"但是，周浩最终还是妥协了，"当时还小啊，再有主见也得听家长的。"没想到，当年的妥协竟困扰了他两年多。

到了北大，周浩以为可以有一个新的开始，自己会习惯那里的生活。事实证明，他错了。

大一第一学期，周浩努力地适应一切，浓厚的学习氛围、似乎永远也上不完的自习、激烈的竞争环境……从小就喜欢操作和动手的周浩开始感受到不适应。到了第二学期，理论课更多了，繁重的理论学习让周浩觉得压力很大。"生命科学是一门比较微观的学科，侧重于理论和分析，操作性不是很强。而我又喜欢'捣鼓'东西，喜欢操作。所以我们互相'不来电'。"

没有兴趣的专业让周浩痛不欲生，每天接受的纯粹的理论让他头脑发涨。对于未来，他也感到非常迷茫："不喜欢学术，搞不了科研，生命科学院系的学生未来几乎都会读研究生，这样的路并不是我想走的。"于是，周浩在学习上不那么积极了，不再像刚入大学那会儿跟着室友一起去上自习，他越来越迷茫，不知道自己的出路在哪儿。就连作业，周浩也不再认真完成，每次都是敷衍了事。

一开始，周浩觉得问题的关键在于自己适应环境的能力太差。于是，他尝试各种办法让自己融入到这种学习氛围中。

同学们建议他可以尝试去听工科院系的课程，从中寻找自己的兴趣。他便去旁听北大工科院系和清华工科院系的课，却发现这些课基本上也是纯理论的，而实践操作课只有本院系的学生才能去上。然后，他开始谋划转院。但在北大，转院并不是一件容易的事。想转入的院系和所在院系的公共课要达到一定的学分才能转院。而周浩想转的工科院系和他所在的生科院系基本上没有什么交集，他知道转院这条路是走不通了。遭受接二连三的打击之后，周浩陷入了绝望。

休学一年体会人间冷暖，艰难说服父母，成功转校

第一年的尝试失败了，于是，他决定大二先休学一年。在深圳，周浩觉得应该认真规划一下自己的未来。

休学期间，周浩当过电话接线员、做过流水线上的工人，没有一技之长又不擅长交际的他感受到了社会的残酷。"对于人间冷暖有了初步的体会，大家不会因为你是大学生就尊重你，就多给你一次尝试的机会。"周浩以为初入社会的挫败感能让自己喜欢上北大的生活，静下心来学习，重新喜欢上自己不喜欢的专业。

然而，重新回到校园的周浩有了比以往更强烈的不适应感，他越来越觉得自己不适合学习这个专业。"现在看来，我休学一年所做的思考基本上都是失败的。"周浩苦笑道。

在旁听、试图转院、逃避都没有解决问题的情况下，周浩打起了转校的"算盘"。从大一开始，他就经常浏览数控技术方面的网站，对比了中国与德国在数控技术领域的差距，对中国的数控市场进行了初步的判

断。"我觉得中国是比较缺乏知识技能复合型人才的，在德国，很多技术工人都拥有高学历，而中国的技术工人总体上学历不高。"

了解了自己具有高学历的优势后，周浩开始选择适合他的学校。"在网上搜到了北京工业技师学院，它的技术水平在行业内是领先的。既然想学技术，特别是数控技术，那这里就是最好的地方。"

从北京大学退学，要去一个听都没有听过的技术学校，有这样想法的人一定是疯了！当时，周浩身边的亲戚、朋友和同学都这样认为。父亲知道周浩的想法以后极力反对，打了很多次电话劝他，让他再坚持坚持。父亲劝不动周浩，在意识到儿子态度坚决以后，便开始妥协。"父亲开始让步，同意让我转到深圳大学，就是不让去技校。"周浩说。

周浩却坚定了去技校的想法："像北京大学这样在国内算是比较宽松自由的学府都没有给予我希望，那么去别的学校万一又出现同样的问题怎么办呢？难道到时候再转校吗？"周浩需要一个真正可以学到技术的学校。

周浩从小和母亲的关系很好，几乎无话不谈。于是，周浩决定先说服母亲支持自己。知道周浩在北大的经历以后，母亲震惊了。她没想到儿子在人人向往的北大竟然过得这么痛苦和压抑，她决定帮助儿子摆脱烦恼。终于，在母亲的劝说下，父亲同意了周浩的决定。

在得到父母的支持以后，周浩觉得自己离梦想近了一大步。"我一直比较在乎别人的看法，但是，如果一辈子都要做自己不喜欢的事，我的一生就毁了。"周浩说，"如果我过得很精彩，总有一天，我可以向当初质疑我的人证明自己。"

转校成功，拾回学习热情，淡定面对未来人生

2011 年冬天，周浩收起铺盖从海淀区搬到了朝阳区，从北京大学转

到了北京工业技师学院，开始了人生新的旅程。

对于北京工业技师学院来说，这无疑是一个天大的喜讯。学校党委副书记仪忠谈起自己的得意门生时很自豪，"考虑到周浩之前有一定的操作基础，学校没有让他从基础课学起。为了让周浩接受更大的挑战，他直接进入了技师班，小班授课，并且给他配了最好的班主任。"这种小班式教学、面对面地和老师交流的学习方式，让周浩有了很强的归属感。

除了学院的培养，找到兴趣点后的周浩也重新拾回了对学习的热情，这让他得以大显身手。"大学生活很散漫，而技师学院的生活就是'朝八晚五'，一切都靠自律。"实验室里十几台从瑞士进口的数控机器，老师亲自指导，学生直接上手操作，这一切令周浩兴奋不已。由于之前没有接触过数控技术，再加上其他同学都已经学习了两年，为了赶上大家，他学得格外认真，每天都把老师教过的技术重复练习，有不懂的地方就及时问。很快，周浩便成了小班中项目完成速度最快、质量最好的学生。

凭借在北大打下的理论基础和北京工业技师学院的技术学习，周浩慢慢朝着知识技能复合型人才的方向发展，他成了学院最优秀的学生之一。尽管已有很多企业向周浩伸出橄榄枝，但对于未来，周浩有自己的设想："现在还不想就业，我还是想继续深造，对数控技术了解得越深就越觉得自己学的太少，还是要多充充电。"

"我所学的技术在人们的生活中起着很大的作用，我不会后悔自己的选择。况且'三百六十行，行行出状元'，每个人只要在适合自己和自己感兴趣的岗位上工作，都会做出成绩的！"周浩说。

·摘自《读者》（校园版）2015年第3期·

胡振宇："90 后"开火箭公司

陈世冰

胡振宇，"翎客航天"创始人兼 CEO，1993 年出生，在科技精英云集的航天系统中，他无疑是一个传奇式人物。从中学时候起偷偷研究炸药，到大学期间正式研究火箭，再到刚毕业就创办中国第一家民营火箭公司，在被国企垄断的火箭市场分得一块蛋糕……他的经历堪称一部青春励志大片。

走钢丝的"坏孩子"

胡振宇和炸药结缘十分偶然。在他刚记事的时候，一次看到一家商场开业放烟花，冲天而起的烟花绚烂至极。爸爸告诉他，烟花之所以能冲向天空燃放出炫目的光彩，是因为一种叫"炸药"的东西产生的力量。

从此，每每看到燃放的烟花，胡振宇总是看得如醉如痴，对爸爸说的那个炸药产生了种种幻想。

上了初中，胡振宇参加了学校的化学兴趣小组。每次上完实验课，他总是偷偷拿些没有用完的氯酸钾、硫黄、铝粉、镁粉等实验品回家。晚上，家人睡觉后，他就拿出来对照书上教的配方进行研究。往往是才完成一组数据配方，夜就已经深了。

在一个冬天的深夜，他按最新的配方把 200 克的炸药调配完毕，插上引线后，阵阵睡意袭来，就在他晃动铝罐的一刹那，炸药突然燃烧起来，胡振宇还来不及做出任何反应，装炸药的铝罐瞬间就熔化了，滚烫的液体喷洒在他的手上。

熟睡中的父母被惊醒了，他们把胡振宇送进医院，之后将他房间里所有的实验品统统扔进了垃圾桶，并责令他再也不准做这样危险的事情。以后每天上学放学，父母都要检查他的书包，也不给他零花钱了，切断了所有他们认为可能购买化学药品的渠道。胡振宇却上了瘾，家里不让做，周末就去同学家，配好后再拿回家里，藏在衣柜或床底下的某个角落。

胡振宇说："兴趣是最好的老师，爱迪生的故事就像一粒种子，早在我心里生了根、发了芽。任何教育，只要是不让我做我自己喜欢的事情的话，我都当成耳旁风。"

黑暗中的舞者

2010 年 9 月，胡振宇以网球特长生的身份，考入华南理工大学工商管理学院。有一天，胡振宇无意间闯入一个叫"科创论坛"的网络社群里。这是个火箭爱好者论坛，里面有不少民间科技达人。但是他们一直有个短板——火箭升空时需要一种燃料作为推力，这种燃料就是炸药，市场上买不到。一直对炸药有研究的胡振宇立即向论坛版主发出申请，说自己可以为他们解决这个问题。

进入论坛后，他如鱼得水，每天大部分的时间都泡在这个论坛里。但他很快发现，这里的人都是各自为战，但他们也各有所长：有的专门搞设计，有的擅长搞制造，有的只能搞组装。胡振宇想，如果把这些人组成一个团队，那么火箭从设计到加工、制造、组装，整个流程全部做出来就会事半功倍。

2011年9月，广州在校大学生独立研究探空火箭的项目团队成立了，组长是胡振宇。那时，胡振宇的想法很简单："就想做出很牛很炫的产品，能升空就可以了。"

2011年11月，团队要进行第一次仿真实验。在两个月的时间里，胡振宇和他的团队从来没有在凌晨3点前睡过觉。他们买不起发动机来采集推力和压力数据，就拆了实验室的抽屉做了一个测试台；然后四处借钱买来传感器、滑台、钢板、模板；火箭的箭体就用市场上买来的PVC管。测试的头一天晚上他们干到了快天亮，睡了半个小时。为安全起见，清晨6点他们借了一辆自行车，把这30多千克的设备拉到了大学城的外环。四周静极了，胡振宇仿佛听到了伙伴们"怦怦"的心跳声。胡振宇极力让自己颤抖的手静下来，按下点火开关。一瞬间，两个多月所有的努力、心血和设备顿时化为乌有。

第二次，火箭还没有起飞，就在发射架上炸开了。

第三次，火箭就像一块石头，稳稳地立在那儿。

第四次、第五次、第六次、第七次……

他们弹尽粮绝，眼看项目要被搁置了。

柳暗花明，一位校友看到了胡振宇和他的团队的报道，他联系到胡振宇，提供了 10 万元的无偿资助，希望他们将梦想继续下去。学校这时候也为他们购置了许多实验器械，请导师为他们提供必要的指导。

2013 年 7 月，胡振宇和他的团队要进行一次"终极"仿真实验。烈日当空，20 多人扛着铁锹、抬着发射架，在还没修好的高速公路上走了 3 千米。大家齐心协力把 50 多千克的火箭组装、安置在发射架中。为了安全起见，他们拿着铁锹挖了几百千克的沙子，装在沙袋里面，一袋袋垒起来做成掩体。7 月 28 日下午两点，这个承载着胡振宇和团队的梦想的火箭，呼啸着直射苍穹。

伙伴们欢呼着拥抱在一起，胡振宇背转身，双手捂住脸，泪水涌出。他想，成功是最让人畏惧的一个词语，它或远或近，蕴藏着看不破、悟不透的玄机。

吃螃蟹的第一人

2014 年 1 月，还是大四学生的胡振宇，在深圳注册"翎客航天"，成为国内第一家民营航天公司，主营探空火箭。

在国内市场，探空火箭的开发应用一直被中国航天科技集团垄断，但胡振宇偏偏要从中分一杯羹。他说："因为体制的原因，国企提供的探空火箭服务，每次发射报价高达 300 万元，而探空火箭的主要客户是科研经费相对紧缺的高校和科研院所，对于 300 万元一次的报价，他们有些力不从心，因此研发低成本的探空火箭有着巨大的市场需求。但对于中国航天科技集团而言，探空火箭价格低廉，远不如发射卫星赚钱，因此也没有太大的投入意愿，这方面新技术的研发和应用往往滞后，这正是翎客航天打破国企垄断的发展契机。"

胡振宇说："翎客航天的核心竞争力就是性价比。"2014 年 9 月底，翎客航天研发出一种体形更小的探空火箭，长 3 米，箭体直径 300 毫米，有效载荷 40 千克。它的作用是将搭载的仪器送到几十至几百千米的高空，进行几分钟的科学观测，发射一次的成本为 150 万元。胡振宇说："我们能做到低成本的研发，是基于对每一条渠道供应链的压缩。我们的火箭燃料、发动机等核心组件，大多靠自己独立生产，采购的东西只占 20%。最为关键的是，一枚探空火箭价值上百万元，但上面的载荷可能价值上千万元，以前基本上用一次就废了，我们现在可以做到载荷回收，甚至能让火箭原路返回。"

价廉物美的探空火箭引来了众多高校和相关科研院所的关注，一些东南亚国家的研究院也闻风而来。仅 2014 年 10 月的上半月，翎客航天就接到了 10 份订单，价值 1600 万元。

对于未来，这位"90 后"的 CEO 充满了信心："到 2014 年年底，公司将完成融资一个亿。3 年后将把最大飞行高度 200 千米以上、载荷 50 千克以上的探空火箭推向市场。5 年后，将推出直径达 3.35 米的小型卫星运载火箭。"

是的，胡振宇成功了。他回首少年时代，沉思后说道："我那时读书，捣鼓炸药，研发火箭，完全是离经叛道，无异于走钢丝。我在看不见未来的黑暗中东闯西撞，但人就像一件瓷器，不经过烈火就不会有脱去泥胎的质地。"

·摘自《读者》（校园版）2015 年第 5 期·

普通青年爱因斯坦

宣金学

生活很不易，即使你是一个天才，哪怕你是天才中的天才阿尔伯特·爱因斯坦。

爱因斯坦逝世 65 年，他的光环依然照耀着宇宙，可在他的宇宙里，生活平凡得就像他常穿的格子衫。他喜欢泡在啤酒馆，和老婆一起酩酊大醉。在学校期间，他对教授不敬，经常逃课。他年轻时也留着小胡子，头发乱蓬蓬的，身上的西服松松垮垮，看起来顶多是一个普通青年。

爱因斯坦爱喝酒，喝酒的时候，又爱与人辩论科学与哲学。他也热爱公路旅行，在诺贝尔奖颁奖仪式上，他"放"了负责颁奖的瑞典国王的"鸽子"，跑到离斯德哥尔摩 6000 千米外的远东去旅行。"周游世界是万万做不到了，但是我不可以努力尝试一下吗？"爱因斯坦 1922 年从日本旅行回来后，在给他儿子的信里写道。

这些故事来自前不久刚上线的"数字爱因斯坦"网站。在过去的几年里，以色列希伯来大学、美国普林斯顿大学和"爱因斯坦文档计划"的工作人员一起，将爱因斯坦生前留下的信函、档案、笔记、明信片等统统搬上了互联网。

终于不用跑到美国费城的穆特博物馆和历史医学图书馆去观摩陈列在那里的这位天才的大脑切片了。如今，世界各地的人们都可以免费查看、下载爱因斯坦的出生证明、小提琴测试结果、1886 年的学校成绩单，纵览爱因斯坦传奇又平凡的一生。

实际上，这份数字档案更多地展示了这位大科学家极为平常的一面。"这就是成名前的爱因斯坦。"黛安娜说。她是"爱因斯坦文档计划"的负责人，另一个身份是加州理工学院的历史学家。

这意味着，芸芸众生对于爱因斯坦的想象终于可以超越新闻报道里说的那样——某神童智商堪比爱因斯坦，大家倒是可以比较一下，你与爱因斯坦谁的日子更平凡。

事实上，这个在 1905 年 26 岁时连发 5 篇划时代论文的伟大天才，和那些普通人相比有太多相似之处。

他的工作不理想。他想成为一名大学教授，四顾无门，在朋友的帮助下，才勉强在瑞士专利局找到了一份技术员的工作。"大部分原因是他自己造成的——他并不是一个出色的学生。"纽约大学历史学家迈特·斯坦利说。

他的婚姻不幸福，离婚离得乱七八糟。他的第一段婚姻保持了 16 年，他们的女儿是送人了还是夭折了，历史学家到现在都没搞清楚。唯一清楚的是，在女儿出生之际，爱因斯坦充满爱怜和激动。"等你身体好一些，一定要画一幅她的画给我。这太让人激动了。"他对分娩后的妻子说。

在爱因斯坦的档案中，可以看到部分离婚协议，他同意把他的诺贝尔奖金的大部分划给前妻用来抚养孩子。

"在这些信里，我们不难看出，年轻时的爱因斯坦叛逆、我行我素。"斯坦利说，"他在生活中得到了教训。我们不都是这样的吗？"

可能是遗传了父亲的性格，爱因斯坦的孩子和他们的老爹一样任性。因为孩子的问题，爱因斯坦操碎了心——小儿子 20 岁时被诊断出患有精神分裂症，随后情况急转直下；老大成了科学家，但父亲还要不时监督他的经济状况。

普林斯顿大学出版社在其"数字爱因斯坦"网站上，所展示的爱因斯坦 44 岁前写下的 5000 封书信、日记、科学论文，远不是故事的全部。随着档案的陆续公布，会有更多的历史学家去探索爱因斯坦的世界，让更多的人看到，尽管身披天才、财富和名誉的光环，爱因斯坦在他常人的那一面中，仍与生活做着不懈的斗争。

对这样一种膜拜或围观，这位放浪形骸的天才似乎早有预感。1922年 6 月，他写信给朋友说："今天被崇拜，明天就会被鄙视，甚至被钉上十字架。天知道，这就是我辈被无聊大众所掌握的命运。"

· 摘自《读者》（校园版）2015 年第 8 期 ·

他让世界知道了大熊猫

浅 草

"蜜蜂的本意是觅食，但它传播了花粉。"从明代到近代，西方有大量传教士来到中国,他们中有许多饱学之士。他们来中国的目的本是传教，但无意间为传播科学做出了贡献。法国传教士阿尔芒·戴维就是其中杰出的代表。他以传教为目的来中国，却以博物学家的身份留名于世。正是因他的慧眼，全世界认识了大熊猫、金丝猴等中国独有的珍稀物种。

戴维于 1826 年出生在法国一个天主教徒家庭。他自小热爱大自然，知识广博，通晓矿物学、鸟类学、动物学和植物学，来中国之前，就已获得卓著的声望。1862 年，当他即将启程前往中国传教时，法国自然历史博物馆委托他顺便为该馆收集中国的动植物标本。

到中国的最初几年，戴维辗转于各地传教和进行科学考察。1869 年，当他得知四川雅安一带有一些人们尚未知晓的珍稀物种时，便从上海转道成都，抵达雅安宝兴邓池沟，担任当地天主教教堂的神父。

大熊猫走向世界

宝兴县位于四川西北部，处于盆地向高原的过渡地带，蕴藏着中国近1/4的动物物种，其中许多是珍禽异兽。1869年的春天，戴维路过一户人家，突然，挂在墙上的一张黑白相间的动物皮吸引了他。主人告诉他：当地人称这种动物为"白熊"或"竹熊"。它们很温顺，一般不伤人。戴维异常激动，他估计这种动物"将是科学上一个有趣的新物种"。为了得到这种奇特的动物，戴维花费重金展开搜捕。3月23日，找到了第一只小"白熊"，遗憾的是，为了便于携带，把它弄死了。

1869年5月4日，戴维终于捕到一只活的"白熊"。这只憨态可掬的"白熊"，有着毛茸茸、黑白相间的皮毛，以及又圆又大的脑袋。戴维喜出望外，经过一段时间的悉心喂养后，决定将其带回国。遗憾的是，这只小"白熊"经不起长途颠簸，还没运到成都就奄奄一息了。戴维只好非常惋惜地将它的皮制成标本，寄送给法国巴黎的国家博物馆。博物馆的专家经过研究后认为：它既不是熊，也不是猫，而是与之前在中国西藏发现的小猫熊相似的另一种较大的猫熊，便正式给它定名为"大猫熊"。

这个拉丁学名传回中国之后，被误译成了"大熊猫"。于是，这个名字将错就错，在中文里一直沿用至今。大熊猫的发现，震惊了世界。从此，匿居荒野的大熊猫进入了人类文明的视野。

麋鹿的一段往事

麋鹿是世界珍稀动物。因为它的脸像马、角像鹿、颈像骆驼、尾像驴，因此又名"四不像"。麋鹿原产于中国长江中下游沼泽地带，曾经广布于东亚地区。后来由于自然气候变化和人为因素，麋鹿在汉朝末年就近乎绝种。元朝时，为了供游猎，残余的麋鹿被捕捉运送到皇家猎苑内饲养。到 19 世纪时，只在北京的皇家猎苑内，有一群麋鹿幸存。

早在 1865 年秋，戴维在北京南郊考察时，无意中发现了猎苑中的麋鹿。他立即意识到，这极可能是西方尚无记录的一种鹿。戴维弄到了两只麋鹿，制作成标本，寄到巴黎的法国自然历史博物馆。在那里，麋鹿最终被确认为一个从未发现的新物种，并被称为"戴维鹿"。1866 年之后，英、法等国的驻清公使及教会人士通过非法手段，从猎苑弄走几十头麋鹿，饲养在本国的动物园里。1894 年，北京永定河泛滥，洪水冲垮了猎苑围墙，许多麋鹿逃散出去，成了饥民的果腹之物。1900 年，八国联军攻入北京，猎苑中的麋鹿被劫杀一空，麋鹿在中国本土灭绝。直到 1985 年，由于英国政府的无偿捐赠，麋鹿才重新回到它们祖先的栖息地。

既是传教士，也是科学家

除了大熊猫和麋鹿，金丝猴和珙桐也跟戴维的名字联系在一起。

1871 年，当一种外形可爱而又独特的长尾猴出现在戴维眼前时，戴维的心为之一振。与我们中国人不同的是，最先引起他关注的，不是它身上金灿灿的皮毛，而是它那仰天的、没有鼻梁的鼻孔。戴维给这种猴子取名"仰鼻猴"。后来经鉴定，这也是一种濒临灭绝的珍稀物种。我们今天称之为"金丝猴"。

珙桐为落叶乔木，可生长到 15~25 米高，花色奇美，是大约 1000 万年前新生代第三纪留下的孑遗植物，在第四纪冰川时期，大部分地区的珙桐相继灭绝，只有一少部分在中国南方的一些地区幸存下来。戴维在宝兴县发现珙桐后，因为其花苞片的形状像鸽子，称之为"鸽子树"。如今珙桐不仅被列为国家一级重点保护野生植物，也是全世界著名的观赏植物之一，被誉为"植物界的活化石"。

1888年4月，戴维在巴黎举行的国际科学大会上总结了他的研究工作：他在中国发现了200多个种类的动物，其中63个当时不为动物学家所知；发现了807种鸟，其中65种以前未被描述过；此外，他收藏了大量的爬行类、两栖类和鱼类以及昆虫的标本。

戴维既是传教士，也是科学家。他的发现不仅丰富了人类的知识，也直接推动了对这些动植物的保护。譬如，在戴维发现大熊猫和金丝猴之前，由于人为因素这两种珍贵动物，险些灭绝。但如今，大熊猫和金丝猴都已成了我们国家的瑰宝，受到了很好的保护。

·摘自《读者》（校园版）2015年第9期·

"科学搞怪人"胡立德：一台问题制造机

杨 杨

从某种程度上说，26 岁就取得麻省理工学院数学博士学位、已在佐治亚理工学院机械工程系任教 8 年的胡立德博士，是一个"麻烦制造者"。

事实上，他在形容自己时会更加不客气一些——他光着脚，蜷坐在单人沙发里，吞吞吐吐地说："我经常引起灾难。"他的中文不太流利。虽然面孔是标准的华人长相，但他其实一直生长在美国。用他自己的话说："学中文是我目前最大的挑战。"

确切地说，麻烦来自那些不听话的实验材料。胡立德主要从事数学与生物学的交叉研究。还在纽约大学做博士后的时候，胡立德就弄丢过一条蛇，至今没有找到。在佐治亚理工学院的机械工程系任教后，有时候实验室里的蚂蚁去了别人的办公室；有时候做实验的蚊子跑光了，很多同事因此遭到了叮咬。

"这可怎么办呢？"

"我再去 CDC（美国疾病控制与预防中心）拿些新的。"

对于蚊子来说，在雨中漫步简直就是一场灾难。一滴雨珠的重量可以达到蚊子体重的 50 倍之多。

因为一项"蚊子为什么不会被雨滴砸死"的研究，胡立德获得了 2015 年"菠萝科学奖"的物理奖。对于这项发表在《美国国家科学院院刊》上的研究，奖项说明如此介绍："绵绵细雨对于我们来说，时常是浪漫而惬意的象征。可你有没有想过，对于体积微小的昆虫，譬如蚊子来说，在雨中漫步简直就是一场灾难。一滴雨珠的重量可以达到蚊子体重的 50 倍之多，在蚊子眼中，我们口中的'毛毛雨'不亚于一辆辆甲壳虫汽车从天而降。但是，在如此漫天高速飞落的'甲壳虫汽车'雨中，蚊子依然能够'嗡嗡'作响并且毫发无损。是什么赋予了它们这种本领？"

答案在于蚊子的"不抵抗策略"和腿上的细毛。"不抵抗策略"令蚊子缓解了雨水对它的冲击，而那些疏水性的细毛使蚊子在随着雨滴下落的过程中与雨滴保持分隔状态，从而能够迅速摆脱雨滴而重新飞起，在雨滴将它们砸向地面造成致命伤害前逃之夭夭。

获得这个结果并不容易。即使在细高的透明容器中，要让几米外的雨滴准确击中蚊子也是不可能完成的任务，更别提还要用高速照相机捕捉这一瞬间了。胡立德团队的方法是：在蚊子飞行高度的上方设置一道"激光封锁线"，雨滴在穿过激光线时，便触发高速照相机开始以每秒 4000 帧的速度拍摄，详细记录蚊子与雨滴相互作用时的每一个动作。这张照片要用 1 个月才能拍到，从 1000 张照片中挑选出 1 张。没有更好的办法。

胡立德说："一个礼拜修改一次实验参数，每次要改一个小地方，一直改。比如，第一个礼拜没有激光，第四个礼拜没有蚊子。"在举行颁奖典礼的当天上午，在浙江省科技馆的办公室里，他光着脚，面前堆放着打开的笔记本电脑和一沓资料，用简单的汉字提示着可能涉及的科学名词的中文名称。

他发现，每种动物都有自己甩水的频率，老鼠是每秒钟 30 次，狗是每秒钟 4 到 8 次，熊是每秒钟两次，猫和狗的甩水频率差不多。

这一看似"无厘头"的研究，却有着重要的研究价值。"蚊子会传播许多疾病，现在我们知道了雨水不能够抑制蚊子的活动，因此，在雨天要采取其他措施来灭蚊。"胡立德说，"此外，蚊子的特征也能启发人类去制造更强大、更抗压的微型飞行器。"胡立德形象地将蚊子比喻为"武林高手"，它们不仅骨骼强壮，而且会"打太极"，它们被雨水打来打去，实际上却毫发无损。胡立德的研究也适用于其他同类型的生物："越是小的昆虫，越能够承受比其个体重量沉重得多的打击，苍蝇也能在狂风暴雨中活下来，但再大一点儿的昆虫，比如蜜蜂，就可能受到雨水的伤害。"

在 2015 年"菠萝科学奖"的颁奖典礼上，正待领奖的胡立德在走至舞台中央之前，突然做了一个手势，示意主持人向旁边避让一下。然后，他做了这样一套动作：侧翻接毽子，后手翻接后空翻落地，一路翻至舞台另一侧的颁奖人旁边。接下来，在颁奖典礼之后的晚会上，他喝了些啤酒，光着脚，又来了一路后空翻，这次多加了两样：倒立和一字马。

胡立德从小就喜欢运动，他每天都跑步、游泳，还练了 10 年空手道。在麻省理工学院读书时，他跟着体操社团练了 4 年。"我还可以做那个……鞍马。""鞍马"这个词令他着实想了一下，他说，"在麻省理工学院，每个人都要去最高的楼上倒立一次。"

麻省理工学院对于胡立德世界观的塑造意义非凡，毕竟，从本科到博士，他都在那里接受教育。"如果没有去那里，我不知道我会做什么研究——在那里，我对世界的看法就是好玩。"胡立德喜欢说"玩"，在他看来，读博士也是好玩的，他说，"我做什么都是出于兴趣——我的人生哲学可能和别人的不太一样。"

胡立德喜欢动物。他说："我现在是机械工程系的教授，也是生物系的教授，每年教两门课。但我从来没有修过一个生物系的学位，我对生物的学习都是凭自己的兴趣。我们想用流体力学的方式来了解生物学，弄懂动物——动物要游泳、要飞，动物体内的血液和消化系统都是流体，但很少人从这个角度来研究。"

胡立德做教授七八年，已经培养了3位博士，他们的研究对象包括：蛇、蚊子、蚂蚁和蜜蜂。

他们在蛇的身上发现了很多技能，其中一个是摩擦力可以让它们爬行得很快。他们将这一研究发现运用到机器蛇的实验，让机器蛇跑得更快。

他们还研究蜜蜂怎样清理自己的身体。它们和松鼠一样，身体上覆盖着千万根细毛，用摄像机拍摄出来后发现，那些毛像弹弓一样把脏东西弹了出去。

接下来便是建模的过程了。他最想了解的事情是：小虫子身上为什么会有这么多毛？长这些毛要多花很多力气，那么，从力学角度看，这些毛有什么用处？

"一种缓冲？可以对抗外来的冲击。""对。但应该还有别的原因。""或者，把脏东西弹走？哈哈哈！"

听起来，胡立德的很多研究项目都和动物的毛发有关。他的研究或许可以追溯到一条狗。当他太太还是他女朋友时，他们约会也会带着这条狗。他说："一开始觉得很麻烦，但是后来我就对它产生了兴趣。"当淋了雨或沾了水时，狗会抖动身体和毛发。他就开始疑惑："为什么这么多动物都有毛？"

对大众媒体，胡立德并不陌生。他甚至上过时尚杂志，同样是因为毛发的问题——这次是睫毛。

最恰当的睫毛长度应当是多少？那是当他看到女儿的长睫毛时想到的问题。

胡立德向一个带有睫毛的眼睛模型吹风，用黄色颜料扮演灰尘，用电脑来判断染色的程度、测量眼睛干燥的时间以及灰尘带来的影响。研究结果是：睫毛最适宜的长度大约是眼睛长度的1/3，从老鼠到大象，每种动物都差不多。

"因为流体力学的关系，你走路的时候会有风碰到睫毛，如果睫毛太长，会让更多的风碰到眼睛；太短也不好，为什么？因为那样就不美了。"胡立德像想起了什么似的笑了起来，"长睫毛的作用是不让眼睛太干燥，如果睫毛太短，眼睛就会干得比较快，带来很多问题。"

胡立德就像一台问题制造机，他不断地提问，问别人，也问自己。日常生活为他带来各种研究想法，也映照着他前进的轨迹。养狗的女友成了他太太，他太太生了一个儿子和一个女儿，他的问题也从狗毛延伸到了别的方面。

"现在照顾小孩，每天要换很多尿布，很痛苦。所以我想，怎么样会更痛苦？那就是给大象换尿布。这样想就会好很多。"他磕磕绊绊地讲了个冷笑话。他想说的意思是，从流体力学的角度看，哺乳动物无论体形大小，排尿时间都是 21 秒——那么，为婴儿换尿布总是更好些。

教小孩使用马桶，看多了大便，他会想，小孩的大便为什么和大人的大便差不多？于是，他开始思考消化系统中的流体力学——关于力学、微生物、大肠蠕动频率和消化系统之间的关系。

那个令他获奖的"蚊子"问题来自一个雨天，他说："当时，我正和3个月大的儿子坐在屋门口看雨，儿子突然哭了起来，原来是一只蚊子在叮他的耳朵。于是，我开始想：'为什么蚊子可以从大雨中飞过来？'我问了一些生物专业的人，他们也不知道为什么在下雨时蚊子可以飞。"

"这些都是很常见的生物学现象，但之前很少有人从流体力学的角度来分析。"胡立德很喜欢一句谚语："每个研究者都需要一个壁橱。"这句话的意思是，你做的这项研究别人不会做，是唯一的。

说到唯一，他露出一副志在必得的神情。对于他来说，好像没有什么是不能抽象地建模的。"做建模的人不会太痛苦，他可以找到一个办法去理解所有的东西。"他说。

"就像掌握一种工具一样，让你有一种控制感？"

他的眼睛里突然焕发出一种神采，声调提高了八度，说："是的，是的。我喜欢'懂'，'懂'的感觉非常好！"

·摘自《读者》（校园版）2015 年第 16 期·

捡星星的科学家

喻 菲

天体化学家林杨挺触摸过 5000 多颗星星。

这些星星就是坠落到地球上的"太空流浪者"——陨石。在林杨挺看来，每一颗星星都讲述着有关宇宙的不同故事。

作为中国科学院地质与地球物理研究所研究员，林杨挺是最权威的陨石研究学术团体——国际陨石学学会会士。他在那些外表大多黑乎乎的星星里，寻找比发丝的 1/10 甚至 1% 还要细小的微粒，从中探究有关太阳系乃至宇宙的奥秘。

太阳是如何诞生的？太阳系内的行星、卫星、小行星、彗星如何形成、演化？生命怎样起源？"来自太阳系不同位置的陨石就像搭建太阳系这座大厦剩下的砖瓦，有的还携带着太阳诞生之前上一代的恒星、超新星的物质。

我们就是要通过陨石所传递的信息，讲述太阳系的历史故事。"林杨挺说。

去南极捡星星

现年 53 岁的林杨挺，出生在福建的一个小县城。他从小就对大自然着迷。中学时他参加了地震预报兴趣小组，每天 3 次到旧防空洞内采样、记录，4 年里从未间断。

1978 年，林杨挺考上了浙江大学地质系地球化学专业。在考研时，他偶然看到后来成为中国探月工程首席科学家的中科院院士欧阳自远招收天体化学专业的研究生的消息。他说："我想都没想就报考了，'天体'这两个字太吸引人了。"

在从地外天体直接采样前，陨石是科学家研究其他星体成分唯一的样品。20 世纪 80 年代初期，林杨挺上研究生时，中国的陨石并不多，但有些很著名，比如吉林陨石、新疆铁陨石、贵州清镇陨石等。

林杨挺第一次触摸到的陨石是世界上最大的陨石——1976 年坠落的吉林陨石。他说："当时只觉得它是一块石头。"

真正让林杨挺有触摸星星的感觉是在南极。陨石掉在地球任何地方的概率相等，但在寒冷干燥的南极，陨石可保存数百万年不被风化，冰川运动又能把陨石搬到某些区域，形成陨石富集区。去南极捡陨石，是林杨挺多年的梦想。

2005 年，他参加了中国第 22 次南极科学考察。那一年的最后一天，从事陨石研究 20 多年后，林杨挺第一次在闪烁着蓝色光芒的南极冰面上捡起陨石。"以前在实验室中面对陨石，只想到能研究出什么。在南极的感觉是真的亲手捡起一颗颗天上掉下来的星星。"回忆起那段经历，他的眼中也闪烁着星光了。

考察中，林杨挺与队友冒着掉进深不见底的冰缝的危险，共收集了5354块陨石。他每日在冰面上行走20多千米，晚上回到营地，还要继续工作四五个小时，将队友们收集的每一块陨石称重、编号、登记。为了避免陨石表面由于冰雪融化造成破坏，所有的工作都是在零下20多摄氏度的环境中进行的，双脚常常被冻麻。

常有"天上掉馅饼"的惊喜

除了南极，林杨挺还到内蒙古、新疆的沙漠中捡陨石。天体化学家的大部分工作是在实验室进行的，每块陨石都异常珍贵，一块芝麻粒大小的陨石都要被切成若干片，还要打磨抛光，放在精密仪器中分析鉴定。

目前，中国有1万多块南极陨石。曾有8个团队用3年时间也只分析了不到3000块，其他8000多块还保存在冷库中。林杨挺说："有的陨石需要研究几十年，通常是因为技术改进，或产生了新的想法。曾有一块落在墨西哥的陨石，因为包含着太阳系形成起点的难熔包体，全世界有两三百人靠研究这块陨石，拿到了博士学位。"

林杨挺说："有时可以用'天上掉馅饼'来形容陨石研究。它最吸引我的是总能带来惊奇，研究它们永远不会无聊。"

一切皆因好奇

林杨挺说："做研究最需要的品质是好奇，然后是坚持。"

在研究中，林杨挺曾有好的想法，却因中国缺少相关的仪器而做不了实验。随着中国对深空探测的重视，中科院地质与地球物理所建成了世界先进的纳米离子探针实验室。他说："我读研究生时要到德国去做实验，现在德国的研究人员却来我们这里做实验。"

目前，对林杨挺不利的因素是获得样品比国外学者晚。他说："其实科学家没有太多的精力去找陨石。国外的民间收藏者找专业机构鉴定陨石价值，并捐赠一点样品供研究和科普宣传。中国的陨石收藏很混乱，很多人梦想捡到陨石发大财，不愿拿出样品，不理解陨石的价值是要通过研究才能体现，否则它仅仅是一块石头。另外，少数来找我们做鉴定的，拿来的 99% 以上的都不是陨石。"

常有人问林杨挺："很多人的生活问题都没解决，研究天上的或是掉在地上的星星有什么用？"林杨挺说："中国的经济还不够发达，发展经济肯定是第一位的。但从长远看，还是要有一部分人做基础科学研究。在解答宇宙、生命起源这些人类共同关切的重大科学问题时，应有中国科学家的贡献。另外，基础科学研究，特别是深空探测，对于激发青少年对科学的热爱很重要，这也是国家的未来和希望。"

想钻月球"兔子洞"

中国探月工程以及实施的火星探测计划，为天体化学的发展带来了机遇。林杨挺率领的一个团队根据"玉兔号"月球车发回的探测数据，分析出应已"死寂"的月球在"晚年"曾又一次爆发大规模的火山运动，并发现月壤厚度以前被低估了。这一成果刊登在了国际权威学术刊物《美国科学院院刊》上。

林杨挺对月球上被美国人称为"兔子洞"的神秘洞穴很感兴趣。这种空洞是岩浆流动形成的熔岩管道，如果被小行星撞击就会塌陷露出洞口，有的洞口直径超过 100 米。在月球正面的风暴洋等处有 4 个"兔子洞"，在月球背面的智海也有一个。

采蘑菇比领奖更重要

张小平

　　格里戈里·佩雷尔曼是一位俄罗斯数学家，他因成功破解了数学界的七大难题之一——庞加莱猜想而名扬天下。2006 年，国际数学家大会组委会决定把当年的菲尔茨奖授予佩雷尔曼。可是，佩雷尔曼给组委会发去电子邮件，表示自己正忙于研究，没有时间领奖。

　　组委会只得派工作人员卡洛斯去给佩雷尔曼送奖章和奖金。卡洛斯在佩雷尔曼家没找到他，打听后才知道他去了附近的森林里。卡洛斯赶到森林，看见佩雷尔曼背着背篓正在那里找蘑菇。卡洛斯很惊讶："您不是连领奖的时间都没有吗，怎么还在这里采蘑菇？"佩雷尔曼笑了笑说："如果去领奖，我得准备着装和演讲稿，还得参加酒会，接受采访……原本用来研究学问的时间就会被占用。但是采蘑菇时，我仍然可以思考问题。"卡洛斯仍然困惑："菲尔茨奖是数学界的最高奖项，难道您一点也不在乎？"佩雷尔曼回答："我做研究是为了证明自己的理论，就像采蘑菇是出于我的兴趣。"

离别时，他对卡洛斯说："忘掉功利去做事，往往能够事事皆成，你还是把奖章送给别人吧。"此后，佩雷尔曼又多次拒绝领取奖项，始终过着隐居生活。

·摘自《读者》（校园版）2015 年第 17 期·

刘慈欣说：刘宇昆，完美

翁佳妍

　　这一切看上去颇为魔幻——正在被山林火灾困扰的美国西北部前工业城市斯波坎突然被几千名二次元人类"占领"，熙熙攘攘的人群搅乱了小城昏昏欲睡的夏天。街巷里，《星球大战》里的英雄与反派挽臂共饮，《冰与火之歌》的角色穿着一身中世纪的盔甲到处晃悠，蜘蛛侠靠在街边的灯柱上大口嚼着汉堡。满城飘荡着紫绿相间的涂鸦图案，如同一种连接幻想世界与日常生活的密语。2015 年 8 月 22 日晚，这个密语背后的两个平行世界交汇在一座火箭状的奖杯上——它将被授予当年度雨果奖"最佳长篇故事奖"的获奖者。

　　当晚 10 点 30 分，身着太空服的宇航员林格伦博士，在国际空间站太空舱里打开手中的白色信封，说出了那个备受期待的名字——TheThree-

BodyProblem(《三体》)! 这是亚洲人第一次获得这项"科幻界的诺贝尔奖"。作为《三体》的作者，刘慈欣此刻还在万里之外的中国，一位同样有着中国面孔的年轻人在一片尖叫与欢呼声中走上台接过了奖杯。

"作者刘慈欣的感言很有感情，由我来读有点尴尬，里面有对我的颇多表扬。中国人一般不会自己表扬自己。但是作为译者，我有责任把它原原本本地念出来。"年轻人言毕，观众席上的人会心大笑。

他是《三体》英文版的译者，也是将《三体》带入西方科幻界的关键人物，从为《三体》译出第一个英文字符开始，他就代表着刘慈欣站在西方读者、科幻迷和文学评论家的面前，他是刘宇昆，是被刘慈欣赞为"完美"的译者，在他的众多身份中，此刻更合时宜的或许是：比刘慈欣更早获得雨果奖的科幻作家，当然，他一定不会这样介绍自己。

通勤列车上的写作者

在波士顿郊区开往市中心的通勤列车上，律师刘宇昆打开电脑开始再次核对《三体1》的译稿，他几乎不在自己家的书房干与科幻有关的事。

在轨道与车轮碰撞的金属声里，网络信号渐弱，乘客不多，在上下班的这40分钟路程中，车厢算是个相当理想的移动办公间，这也是他"可以独自集中精神写作的唯一时间段"。

翻译《三体》是一项庞大的工程。为了统一书中的科技术语和物体名词，刘宇昆需要列出一张非常长的汉英词汇对照表。他面临的困难远不止这些，科学知识和术语、完全陌生的文化背景以及中英语言的不同表达，都是挑战。

刘宇昆11岁时随父母从甘肃兰州移民到美国，大学时在哈佛大学学习英美文学，还选修了计算机课程，毕业后他成为微软的一名软件工程师。

工作几年后，他又回哈佛念了法律硕士，转行做高科技专利领域的诉讼顾问。

2002 年，刘宇昆开始写科幻小说。从那时起，他就习惯于把列车当成办公室。他熟悉中国历史，喜欢金庸的武侠小说、《三国演义》和《西游记》，还读玛格丽特·阿特伍德的科幻小说。写自己的故事时，他会引用艾米丽·狄金森的诗句和苏珊·桑塔格的评论。职业经历给了他很多故事素材，他的第一篇小说《迦太基玫瑰》中运用了编程语言，而《结绳记事》中又写到了知识产权。

律师工作很费脑力，薪资按小时计，偶尔还要作为法律顾问出庭，几乎没有休息时间。他会把突然闪现的点子简单记录下来。这些点子有他读到的越南新娘的报道，更多的硬科幻灵感则来自他从网站上看到的科学论文。他不列提纲，也不做写作计划，任由这些点子在脑子里碰撞，渐渐发酵成故事，然后在通勤列车上那些不连贯的碎片时间里，把这些故事敲成文字。

他在火车上写出了自己最广为人知的作品《折纸》，4046 个单词，花了两周时间。2012 年，这篇小说先后拿到了该年度雨果奖和星云奖的最佳短篇故事奖。

2009 年的某个深夜，身在波士顿的刘宇昆收到了一个陌生地址发来的邮件，发件人是中国科幻作家陈楸帆，陈楸帆在邮件中说，自己在网上读了刘宇昆的作品《爱的算法》，非常喜欢，希望能把它们介绍到中国来。刘宇昆很高兴，立刻回了一封邮件。

在陈楸帆的努力下，刘宇昆的短篇小说《爱的算法》和《单比特错误》很快出现在 2009 年第 4 期的《科幻世界》上。译者都来自网络，他们看到陈楸帆在豆瓣上的征集译者帖子后，自发翻译了刘宇昆的作品。刘宇昆拥有了第一批中国粉丝，与此同时，他也开始看中国科幻作家的小说，其中就包括刘慈欣的作品。

他与刘慈欣开始通过邮件联系，从作品聊到科技。刘慈欣读过刘宇昆的小说《折纸》，觉得里面的"东方文化色彩"十分动人。刘宇昆为中国海外教育基金会做法律顾问，耳闻目睹了中国贫困乡村的教育问题，也对刘慈欣的短篇小说《乡村教师》中描写的场景感同身受。

第一次读完刘慈欣的长篇小说《三体》，刘宇昆兴奋得一晚上没睡。

《三体》里宏大的宇宙观令他激动。"黑暗森林"法则下，他人即地狱，任何将自己暴露在宇宙中的尝试都是自取灭亡。在这片黑暗的寂静森林中，每个默默自转的星球都不无辜，像一场旷日持久的饥饿游戏，隐匿在黑暗宇宙中的星球既是猎物也是狩猎者，时刻准备着弱肉强食。

《三体》这些史诗化的布局，让刘宇昆想到亚瑟·查理斯·克拉克宏大的科幻文体，有古典科幻小说的感觉，又与西方流行的科幻小说颇为不同。他最喜欢《三体》系列第三部《死神永生》的结尾。女主角程心躲过太阳系被二维化的灾难后，本可以躲进一个小的独立宇宙过安逸的生活，然而她选择将小宇宙的质量归还给大宇宙，让濒临毁灭的宇宙得以重启。"这也会是我的选择。无论宇宙多大、多残酷，人性依然是最重要的。"刘宇昆说。

不谋而合

刘宇昆闯入翻译领域纯属意外。

2011 年，他收到陈楸帆的邮件。那时，陈楸帆打算向欧美科幻杂志投稿，却苦于找不到好翻译。他曾尝试自己翻译，甚至还找了翻译公司，都不尽如人意。于是，他把小说《丽江的鱼儿》的英文翻译稿发给刘宇昆，想听听他的建议。翻译公司在"信、达、雅"中只能勉强做到第一个层次，不能摆脱浓浓的中式表达和思维方式，翻译出来的英文词句，让说了几十年英语的刘宇昆都感到费解。

刘宇昆开玩笑说："修改这样的翻译稿还不如由我从头翻译一遍更容易。"出于给朋友帮忙的初衷，他开始了翻译工作，至于中国科幻小说在美国到底卖不卖得出去，他根本没有细想。结果出乎意料，刘宇昆翻译的《丽江的鱼儿》随后在美国科幻杂志《克拉克世界》上刊出，他还获得了 2012 年"世界奇幻科幻翻译奖"。刘宇昆突然意识到，他读过的许多有意思的中国科幻小说，由于语言的隔阂，只能在小范围内传播，做一名译者的意愿就像一个按钮般被按下，喷薄而出。

他开始翻译越来越多的中国科幻文学作品，并将它们介绍到西方——夏笳的《百鬼夜行街》、马伯庸的《寂静之城》、陈楸帆的《沙嘴之花》等，都先后刊登在美国主流科幻媒体上，这其中也包括刘慈欣的一些短篇小说。

读过《三体》后的酣畅与激动渐渐变成了一种不甘：这样一部格局宏大的作品难道只能在中文世界传播？刘宇昆动了把《三体》翻译成英文的念头。

那时，刘宇昆的科幻创作也正处于高产期，用科幻作家艾利亚特·德波达的话形容，"到处都是他的作品"。频频获奖也让他在美国科幻界崭露头角，拥有了话语权。

刘宇昆翻译《三体》的想法，与中国教育图书进出口有限公司（简称中教图）出口综合部总监李赟的想法不谋而合。

2012 年的一天，李赟在开车回家的路上听到车载广播里介绍《三体》。读了一部分后非常喜欢，便一口气看完了整套书。一番搜索后发现，《三体》

在国内销量单册已过 40 万，却还没有英文版，于是他决定将《三体》推向西方世界。中教图找到刘慈欣谈妥国际版版权代理后，李赟向公司建议：先翻译，再考虑输出。

中教图对《三体》译者的候选人设定了两个标准：英文为母语、精通中国文化的欧美籍人士，或是对西方文化有深刻理解、长期居住在欧美的中国人。在这两个标准的严格筛选之下，候选人屈指可数。刚获得雨果奖、有不少翻译经验的刘宇昆成了首选。另一位几乎阅读过 21 世纪所有华文科幻长篇小说的美国译者乔尔·马丁森则被定为《三体》第二部的译者。

在 2012 年秋天，刘宇昆接到了中教图《三体》英文版的翻译邀请。刘宇昆欣然应允，立刻着手翻译。他说：“《三体》无疑是个最好的起点。”刘慈欣对这个译者人选相当满意，他觉得刘宇昆能将东方美学融入科幻叙事，字里行间流露出东方情感特有的细腻质感，他说：“这是你在读西方大师的作品时感受不到的。”

2012 年 11 月 7 日下午，《三体》第一部的翻译合同正式签字，刘宇昆第一次见到了刘慈欣，还收到了来自刘慈欣的礼物——一套折纸艺术品。

“现在我能被称作雨果奖的译者了”

“我没有自信。比起国际上的科幻经典来说，它们还是粗糙一些……我不认为西方读者会对它感兴趣。”在国内科幻迷们为《三体》将推出英文版而沸腾时，刘慈欣本人却不乐观，毕竟，翻译并不只是字句的语种转换，更是一种跨越中西方文化的思想传递。

为了让英文读者加深对故事的理解，刘宇昆做出了一个大胆的尝试，给小说里的背景和术语加上了脚注，这在英文作品中不太常见。英文读者不习惯读脚注，在他们的阅读习惯里，脚注是一个入侵性的解释工具。"这也是一种文化差别。根据两种文化的叙事习惯，中国读者也许觉得我解释得不够，而西方读者可能觉得我的话说得太多了。我自己的基本原则是：我展示的信息正好满足了读者需要理解故事的含量，但同时，一位好奇的读者可以自己上网探寻更多的细节。"

为了保证译文的准确，刘宇昆还找来了一大堆物理学家、天文学家朋友做临时顾问，帮助解答技术性的问题。在刘慈欣的记忆里，翻译《三体》的过程中，两人的邮件交流非常频繁，几乎没有遇到什么难以克服的困难。

《三体》第一部翻译完成后，经过 10 个月的谈判，中教图也与多次出版星云奖、雨果奖作品的美国科幻出版社 TorBooks 签订了出版合同。据科幻作家夏笳介绍，出版社开始并不太看好《三体》，翻译作品在西方文学市场相当"小众"，很难火起来，"西方市场并不接受中国科幻作品，他们不知道刘慈欣，也不知道《科幻世界》有多牛。"

但不久后，夏笳看到一些美国科幻圈很有影响力的资深评论家和作家为《三体》写的书评和短评。大卫·布林评价："刘慈欣站在了无论任何语言的推测思索性小说的顶峰。"迈克·莱斯尼克表示："《三体》当得起任何赞誉。"拉维·蒂达则称《三体》为"彻彻底底的杰作"。夏笳惊奇不已，给刘宇昆发邮件："天哪！我都不敢相信这些人真的读了《三体》。"刘宇昆回答："是我请他们读的。"

刘宇昆此前在西方科幻界积累的声誉发挥了作用，他约书评、约《纽约客》的专访，把《三体》的翻译稿寄给知名作家、评论家，征求他们的意见。他也熟悉每个媒体偏好的风格，有针对性地给他们寄去译作，由于他作为科幻作家的影响力，媒体编辑也乐意接受他的推荐。《纽约时报》评价:"《三体》唤醒了中国的一个文学类型。"《华尔街日报》则认为:"'三体问题'其实也暗指了地球的环境危机。"

一家公司把刘慈欣的一些短篇作品做成电子书,放到亚马逊网上书店上售卖,提高了刘慈欣的知名度。中教图也同步向名家征集书评,并与南加州大学的传媒研究生合作课题,推出《三体》主题曲小视频,放到网络上。日本作家立原透耶开玩笑称:"在世界范围内,我们的作品不如中国科幻作品有影响力,这是因为我们没有刘宇昆。"

"三体效应"在西方科幻界持续发酵,到8月22日雨果奖颁发的前夜,美国科幻圈对《三体》已耳熟能详;世界科幻大会的书摊上,《三体1》和刚出版的《三体2》都被抢购一空。书摊上的书商惊讶不已,纷纷猜测:"也许这本书真要获奖。"

事实证明,那些存在于不同人心中隐约的感觉都是相通的——在雨果奖的5轮淘汰制投票中,《三体》得票数始终领先,最后以2649票胜出,以200票领先于第二名《戈布林皇帝》。《三体》获奖的瞬间,刘宇昆几次将手捂在自己的胸口,他最真实的激动体现在当晚发布在推特上的8个感叹号,"最开心的是,现在我能被称作雨果奖的译者了。"他说。

刘慈欣在雨果奖的获奖感言中写道:"在中文与英文这两个遥远的文化星球之间,有一艘飞船将它们连接在了一起,那就是本书的译者——刘宇昆。"

这句话由刘宇昆本人亲自读出,在随后属于自己的感言时间中,刘宇昆说:"非英文作品进入美国市场是非常不同寻常的,更不用说获奖。我相信将来会有更多的译者走到这里,因为这是'世界'科幻大会。"现场掌声响起,经久不息。

人人都可像博物学家那样生活

欣　悦

　　"像一个博物学家那样生活"，这是北大哲学系教授刘华杰提出的概念。他开辟菜园，辨识身边的一草一木，认为与自然互通往来的能力是人应该具备的基本素质之一。

　　从 17 世纪到 19 世纪，欧洲人就带着对宗教的半信半疑，开始了探索自然的旅途。没有相机，没有视频传输，没有 3D 打印，绘画成为他们认识和记录自然的唯一途径。博物学家拄着拐杖，带着仆从，携画夹、标本册、草帽和驱虫水，在世界的每个角落寻找写生标本和模特。

　　这就是那时博物学家的生活，一个集科学家、旅行家、画家等多重身份于一身的学者的生活。19 世纪中期，博物学家贝茨在日记里写道："我黎明即起，喝杯咖啡以后，便驾船起航追逐群鸟。我在 10 点用完早餐，然后在 10 点到下午 3 点之间全神贯注地钻研昆虫学。下午则忙着进行标本保存与储藏的工作。"

其实今天，优渥的物质条件给我们提供了像博物学家那样便利的生活，而被钢筋水泥包围着的我们，更需要在花、草、树木和鸟儿身边找到心灵的慰藉。

的确，人人都可以像博物学家那样生活，以下是 6 条切实可行的建议。

买个显微镜

作为一名博物学家，观察世界的角度是很讲究的，你可以去购买一个专业的显微镜，从微观的角度看世界。英国物理学家罗伯特·胡克从树皮上切了一片软木薄片，并放到自己发明的显微镜下观察。他观察到植物细胞的形状，类似教士们所住的单人房间，所以他使用表示单人房间的 "cell" 一词命名植物细胞为 "cellua"。于是，他成了史上第一个成功观察到植物细胞的人。

科学仪器可以为博物学家提供更新又更精准的视野。显微镜帮胡克观察了蚂蚁、跳蚤，还让德国博物学家恩斯特·黑克尔得以记录到微生物的结构。显微镜生动地展现了微生物世界的美，各种对称和放射的黄金比例结构都被黑克尔用画笔记录了下来。

买个望远镜观鸟

观鸟是个优雅的爱好，想立刻开始过博物学家的生活只需以 45° 的视角仰望天空，观察美丽的小鸟。

19 世纪有个鸟类痴狂者——美国著名画家兼博物学家约翰·詹姆斯·奥杜邦，他被北美大陆上的各种鸟儿吸引，用大把的时间为鸟类作画。

奥杜邦在经历了破产、入狱、离婚后，便一心扑在绘鸟之途上，每天他都带着枪和助手往来于森林深处。

如此过了 7 年后，41 岁的奥杜邦带着自己的作品去英国印制了他的第一幅鸟类绘画《野火鸡》，精细艳丽的笔触和风格迎合了当时欧洲大陆浪漫主义思潮的需要，奥杜邦火了。之后他的作品《美洲鸟类》被誉为19 世纪最伟大和最具影响力的著作，成为美国的国宝级图鉴。

而今，英国还有这样一群"鸟人"，他们已经超出拿望远镜看鸟的级别，他们都有自己拍摄的、一定数量的罕见的鸟类照片，这些人自称"twitcher"。

不过如果真做了一个"鸟人"的话，"抛妻弃子"是常有的事，因为他们的口号就是：鸟飞到哪儿，人就跟到哪儿。尤其有些候鸟每年只在一个地点作短暂的停留，在这段时间里，如果你那爱鸟的另一半消失了，请别急着报警。

带着画笔去旅行

假期出国旅游的时候，在异乡见到新奇的人或物，经常用数码相机或用手机拍张照片就算亲眼见过了，这可不是一个博物学家的生活方式。一个博物学家应通过手绘来记录自己的所见所闻。

1831 年到 1836 年，达尔文跟随皇家海军探测船"小猎犬号"完成了长达 5 年的航行，他在《"小猎犬号"环球旅行日记》中细致地描述了自己沿途所见的动植物、地质、部落等事物，留下了大量的文字资料和精致的绘图，其中包括火地岛上土著人的画像。这为日后《物种起源》一书的写作奠定了基础。

这一时期也有许多博物学家来到地大物博的中国，他们描绘出了许多脑洞大开的图画，比如德国传教士基歇尔，他于 1629 年来到中国传教。

1667 年，基歇尔出版了《中国图说》，此书堪称 "17 世纪中国的百科全书"，不过书里的一些制图并不严谨。

建立自己的 "奇观展示柜"

以博物学家的方式生活，一定会收集到许多古董、手绘、照片等奇珍异宝——如果没有地方展示那就太可惜了。所以，一个收藏室是必不可少的。不过作为现代人，我们也可以在家里布置一个 "奇观墙" 或 "奇观展示柜"，这样也能达到展示藏品的目的。

18 世纪初期，奇观室是王室贵族宅邸必不可少的部分，且奇观室的装修是有固定模式的：屋顶要悬挂大型生物标本，周围环绕不同种类的贝壳和古生物化石；墙面上嵌制实木或者大理石展台，最上面一层摆放姿态生动的鸟类（比如渡渡鸟和极乐鸟）或者中等大小的动物、鱼类标本，其下则密密麻麻平铺上犀角、象牙、动物骨骼和矿石；异域工艺品或者用画框装裱，或者配以专门定做的玻璃罩，以突出其价值；虫类标本收藏在壁橱里，书卷和博物绘画则存放在开放式书柜中，以方便在下午茶时间随时向客人们炫耀、展示。

这种时尚甚至发展到没有展柜的家庭会被邻居和朋友看作缺乏教养的地步。

建立自己的花园

哪怕是城市中心的公园，也能被用于展示自然界的奇特。E.O. 威尔逊说过："即使路边的杂草或者池塘里的微生物，也远比人类发明的任何装置要复杂、难懂得多。"很多时候你因走马观花而与自然擦身而过。对于一个博物学家来说，任何自然的细节都是神奇且值得记录的。

17世纪，瑞士的博物学家和科学插画家玛丽亚·西碧拉·梅里安，详细观察和记录了蝴蝶蜕变的过程。由于对蝴蝶变态发育过程的细心观察与记录，因此她被认为是昆虫学早期最重要的贡献者之一。

女性探险家在那个时代是罕有的。1699年，52岁的梅里安带着她的女儿从阿姆斯特丹出发，参加了南美洲的苏里南探险活动，后来她因病而结束了旅程。在回到阿姆斯特丹后，梅里安将记录这次旅行的画作前所未有地制成版画出版，这些画作展现了南美洲的动植物。

如果你很"宅"

如果你很"宅"，却想要过博物学家的生活，你可以用欣赏艺术作品的方式来体验做博物学家的快感。

历史上有多个画家以博物学家的视角来绘制艺术作品，他们描绘自然物品，表达方式十分精确。

马克·瑞恩是一个很有博物情结的画家，从他在工作室的自拍照就能看出他的博物学家情怀，而他的画作也体现了博物学绘画的特性：精确，同时富有美感。

电影大师谢尔盖·帕拉杰诺夫的名作《石榴的颜色》中，通过消解人物面部的表情、入镜角色及焦点物品二维陈列、分离主体及背景色调等方式，在展现诗人生平的主题之外，独创了一种"如窥箱中"的、带有强烈博物学指涉的表现方式。

我们坚信，像博物学家那样生活，能使你变得更完美、纯洁和快乐。

·摘自《读者》（校园版）2016年第1期·

100 年后，居里夫人的手稿仍带有辐射

佚 名

居里夫人和她的丈夫皮埃尔主要研究哪些物质，为何带有辐射？由于夫妻两人都不清楚放射性物质的危险性，所以，他们在家中的实验室里直接放置了钍、铀、钋等物质。除此之外，居里夫人为了更好地观察钋和镭，常常把它们装入小瓶带在身上，而且没有穿具有防辐射功能的保护服。受这些物质的影响，居里夫人患上了再生障碍性贫血。

直到 1978 年，人们才发现她家里存放的放射性物质十分危险。因此，居里夫人的家在政府的监视保护下，暂时禁止任何人进入。

现在，居里夫人的手稿珍藏于法国国立图书馆，她的手稿及各种研究文件、衣服、家具甚至菜谱等一切物品都带有辐射。据悉，这些辐射物质需要经过 1601 年才会进入半衰期，所以，直到很久很久以后，这些物品都会一直被保存在铅箱里。

·摘自《读者》（校园版）2016 年第 2 期·

一个能"听见"星辰的失明天文学家

卢安琪

那一刻，万达·迪亚兹·默塞德女士是全场唯一睁开双眼的人。她赤脚踩在一块毛毯上，手握一根白色手杖，静静等待台下的学生戴好眼罩。随后传来一连串急促的金属敲击声。"你们听见了吗？"她耸耸肩，"这是伽马射线爆发的声音，算得上宇宙中最剧烈的爆炸了。"

2014 年 7 月，在南非开普敦的一个中学礼堂，默塞德向高中生介绍自己的研究——如何将星体观测的数据转化为声音。十几年前，当她和他们一样大时，糖尿病引起的视网膜病变还未夺走她的视力。如今，那双褐色的眼睛温柔依旧，却再也看不到她心爱的星空了。

默塞德生长在波多黎各，这个加勒比海的岛国拥有世界第二大射电望远镜——阿雷西博射电望远镜。和很多孩子一样，她从小就梦想当一名科学家。有时候，小默塞德和妹妹躲在屋里一连几个钟头，假装驾驶着太空飞船漫游星际。"我在家经常把东西混在一起做实验。"她陷入对科学的迷恋而不能自拔。

第一次动摇是因为那根导盲杖。考进波多黎各大学，默塞德对天体物理的兴趣远远超过了书本，却赶不上眼疾恶化的速度。有一位导师劝她考虑转行。失明前，她在天文台做助理研究员，无意间听到射电望远镜传来的信号"嘶嘶"作响，她突然意识到声音同样能传递信息。

当然，真空环境无法传导声波。美国国家航空航天局（NASA）曾在1992年发行了名为《行星交响曲》的系列专辑，通过射电望远镜收集宇宙中的电磁波，再转换为人类可听到的频率。而默塞德想做的，是将天文数据转化为声音，即"可听化"技术。

机缘巧合，NASA的戈达德太空飞行中心为残障人士提供相应的实习机会，默塞德申请并通过了。于是，2005年，位于美国马里兰州的太阳物理学实验室多了一位盲人研究员。那个夏天，默塞德和导师罗伯特·坎迪共同开发了计算机软件 xSonify，它可以帮助用户把数据转化为声音，并借助音调、音量和节奏来表示数值变化，每个音符都对应不同的数值。

曾被柏拉图称作"姊妹科学"的音乐与天文学，竟合二为一。当默塞德在哈佛－史密森天体物理中心实习时，作曲家福尔克·斯图特鲁克抽取 X 射线无规律的声音片段，谱成了爵士、蓝调甚至摇滚乐，这组作品被命名为"星辰之歌"。2016 年 2 月的 Ted 现场，默塞德给观众播放了太阳风暴的声音，颗粒般的杂音劈头盖脸般"砸"向观众。她又提醒人们注意音调的变化——那是电磁波放射——像把一把玻璃弹珠摔在水泥地上，时而会余音上扬。

还有，激变双星像一口新铸造的钟，干涩的回音在钟身内横冲直撞；波长极短的 X 射线，如同暴风雨中被撕扯的风铃。不仅如此，"数据听觉化对于视觉正常的人同样有意义，观察数据时被忽略的变化，更容易通过声音察觉"。她的博士论文研究了声音能否提高数据集的信息强度。同时，默塞德成为国际天文联合会（IAU）下属的发展天文学办公室的一员。她参与的 3D 打印项目，向有视力障碍的学生提供宇宙的打印模型，并鼓励他们从事科技方面的职业。

攀上科学之峰，默塞德仍然关心问题的根本：谁拥有获取知识的权利，谁界定个体的"正常"与否，又是谁限制了人的潜能？ NASA 的 RadioJOVE 团队作为一个非营利的实践项目，自 1998 年成立以来，已经帮助 1100 多组天文爱好者免费搭建自己的射电望远镜。默塞德加入后，负责管理将电磁波转化为声波的发声装置，进而帮助学生分析和监控他们记录的声音。

借由这项技术，无数和她一样有视力障碍的孩子得以触碰内心的宇宙。正如默塞德在 Ted 演讲的结尾所言："每个人都应当有机会接触科学。允许有缺陷的个体进入科学领域，必将激荡出更卓越的智识。我对此深信不疑。"

·摘自《读者》（校园版）2017 年第 1 期·

掉进文学世界的理科男

姬十三　讲述　李佳莹　整理

　　想必很多同学都听说过"果壳网"吧？2010 年，我和一群志同道合的小伙伴创办了这样一个独特的网站——用趣味的、白话的、生动的文学风格来传达专业的科学知识。很多中学生朋友都会因为我的专业头衔而产生疑惑："分明是一个正儿八经的理科男，为什么要做这些文艺青年做的事情呢？"对于这些疑问，我很想与你们分享我的经历。

　　我在念高中的时候，应该算是比较典型的"好学生"。文理科的成绩都挺棒，常常是"左手写小说，右手解物理题"。但平衡的文理科成绩也让我在高二分班时遇到了难题：我是该选择文科还是理科呢？那时候，我的文科成绩还是比理科成绩要稍稍好一些——一场考试下来，我的理科成绩能排到班级前五名，而文科成绩却常常是第一名。但即便如此，我最终还是选择了跨进理科班的教室大门。原因有很多，首先，当时我的父母都觉得学理科能够选的志愿更多一点，以后能走的路更广一些；其次，我一直觉得相比文科，理科所面对的问题更为庞大、更为抽象。后来在填报高考志愿时，我的第一志愿是中国科学技术大学的生物学专业。当时，我深信自然科学是一种极为重要的工具，它能帮助我解决内心深处的疑惑。带着这样的想法，我进入了中国科学技术大学。

但我在大学所度过的最初的时光却非常"纠结"。一方面，日复一日的专业学习让我觉得自己身上的文学才华被彻底埋没了，而且我也的确不喜欢实验操作。另一方面，我又觉得当初是自己选择了理科，报了生物学专业，假如半途而废，就是一种"背离"。如此纠结的状态持续了很长一段时间。

2008 年之前的我是什么样子的呢？我在复旦大学攻读神经生物学的博士学位，接受甚为严苛的科研训练，发表了两篇 SCI 期刊论文，却无法直面这一眼就能望到尽头的单调生活。2008 年初的我，正处于人生迷茫的十字路口，对何去何从极为彷徨。或许是那时候业余时间比较多，我决定重拾文学爱好。打开电脑，敲动键盘，没错，这便是我的科学写作之路的开端。很快，我就惊讶地发现，科学写作之路为我的人生带来了一次新的启迪：我既可以将之做好，它也是我的兴趣所在，同时，科学写作也将我的专业知识与兴趣爱好紧密联系在了一起。就如同哥伦布发现新大陆，我突然看到了一个崭新而又自信的自己。

因为平时就保持着相当程度的阅读量，科学写作对于我来说并非难事。短短几周，我就写出了不少作品。作品写出来以后就要发表啊，我便找到各家杂志社的投稿邮箱，将文章纷纷投寄出去。在我的幻想中，这些文章应该很快就会变成铅字，出现在各大杂志上。但事实上，我的

第一篇文章的发表却历经"坎坷"。就在我觉得科学写作的愿景即将破灭的时候，《牛顿科学世界》杂志的主编给我发来了邮件。在邮件里，主编表示非常欣赏我的文章，建议我再写一篇发给他。后来，那篇文章终于发表在《牛顿科学世界》上。

回顾文章发表之前的那段"黯淡时光"：怀疑自己从学术专业转向科学写作是否正确，怀疑自己能否写好科学文章。但在发表了一系列科学文章并获得好评以后，我突然认识到：对于一些选择的"及时放弃"其实是很重要的。因为"及时放弃"意味着你开始重新审视自我、认识自我，并做出更适合自己的人生改变。

从此以后，我对科学写作的热情便一发而不可收。在写作过程中，我对于自己所做的选择进行了思考：传统的科学探究往往与外界社会是隔离的，而科学写作的意义正是让科学研究与外界社会产生"化学反应"——用文学的方式向普通大众传播科学研究中的核心要素，以及作者对于这些科学研究的所思所想，并试着借此去培养普通大众的理性思维与科学观念。而外部社会的感性因素也会对我的科学观念产生重大影响，引导我进一步深入科学探究。

正是这种改变，使我在科学写作界获得了关注，也推动我在之后与同仁一道建立起"果壳网"。事实上，不坚持不意味着失败，做好了选择也不意味着不能改变。只要你能够及时发现人生选择的偏差，进行适合自己的转型，我相信，每一个人都能找到属于自己的闪光点。

科学家的玻璃心

江玉安

科学家并不"高冷"，大多与常人无异。要说科学家有一颗玻璃心，还挺像那么回事。

阿基米德说："给我一个支点，我可以撬动地球。"但谁能给他找到地球的支点啊？阿基米德还留下一个传说：用"玻璃燃烧镜"把太阳光汇聚在停泊于远处港口中的罗马舰队上，火烧连营。2000年后的某一天，爱较真的法国科学家布丰用多个透镜聚光，成功地使200米外的物体着火。布丰郑重宣布：阿基米德的说法是真的。几乎在同时代，英国科学家普里斯特利用凸透镜聚光照射橙红色的氧化汞，析出晶莹剔透的水银；他还发现了氧气，成就了如今的"吸氧""天然氧吧"等诸多"文艺范儿"。

伽利略也是个文艺的科学家。他听说荷兰的工匠利帕希准备到威尼斯推销观察镜，就窃取技术资料，然后先下手为强，自己从威尼斯穆拉诺岛购得玻璃，精打细磨成凸透镜、凹透镜，再组装成望远镜。伽利略的望远镜技高一筹，卖了个好价钱。威尼斯贵族用望远镜观察海上的敌船，伽利略却把望远镜瞄向了星空，这是人类第一次用望远镜仰望星空。1610年，伽利略发现了木星的4颗卫星。之前天文学家把木星这颗太阳系中最大的行星命名为"朱庇特"（古罗马神话中的众神之王），伽利略顺势把木星的4颗卫星分别命名为朱庇特的4个情人：伊奥、欧罗巴、盖尼米得、卡里斯托。而且卫星中没有朱庇特妻子"朱诺"的位置。近400年后的1989年，美国国家航空航天局把第一颗木星探测器命名为"伽利略号"，是想让伽利略"亲眼"看看他用望远镜发现的木星。2011年，又把第二颗木星探测器命名为"朱诺号"，看似想让"织女与牛郎"相会。2016年7月4日，美国国庆节当天晚上，"朱诺"进入"朱庇特"的轨道。

英国科学家牛顿被苹果砸中后，获得灵感，他将玻璃打磨成三角形的棱镜，让阳光从棱镜透过，结果得到了七彩光谱。牛顿接着又将七彩光谱穿过倒置的棱镜，重新合成了白色阳光。牛顿因此用棱镜发现了阳光的秘密。不过牛顿的发现还是简单了些。1868年，法国天文学家詹森和英国天文学家罗克耶先后用分光镜的光谱分析法，从太阳中发现了新元素"氦"。27年后，苏格兰化学家拉姆塞在用硫酸处理沥青铀矿时，发现生成的气体也是氦，这才证明"此物不仅天上有"。1966年，华人物理学家高锟发明了玻璃纤维，应用到内窥镜上观察人体的内部。"明明白白我的心"，其实是通过玻璃纤维看到的。

法国大革命前，化学家拉瓦锡用巨大的凸透镜把阳光聚焦，他对准的焦点是钻石，结果钻石被烧掉了，和石墨一样。看来，拉瓦锡有一颗坚硬的心，他的实验击穿了"钻石恒久远，一颗永留传"这一美丽的谎言。

一个科学家的养成

苏 河

为何没有成为坏孩子

在《道金斯传》的上部《一个科学家的养成》中，以时间为序，理查德·道金斯自述了其在非洲的童年生活、回到英国后的求学生涯、在牛津大学攻读研究生，以及早期在加州大学伯克利分校任教的情况。

看起来，这并不是一个十分愉快的成长故事。

1941 年 3 月 26 日，道金斯出生在肯尼亚首都内罗毕。正值"二战"，他父亲约翰·道金斯所效命的英王非洲步枪团驻扎在肯尼亚，母亲未获允许却随军而行。

因为父亲频繁更换驻地，道金斯的母亲不得不带着道金斯一路辗转。父亲每到一处新驻地，她便得在新驻地附近找寻住所和工作，工作通常是为雇主打理家务或照看雇主的孩子。生活不定，物质匮乏，父亲身不由己，母亲数次患病，这样的环境，很难说有利于孩子成长。

8 岁时，道金斯随父母回到英国，按家族惯例，进入寄宿学校茶芬园读书。在那里，道金斯经历了不少体罚，也目睹过身边的同学遭受校园欺凌。

1954 年，道金斯进入奥多中学读书，在中学的最后阶段，他放弃了宗教信仰，成为无神论者。

1959 年，道金斯幸运地考入牛津大学贝利奥尔学院。1963 年，他继续留在牛津大学读研，师从简·丁伯根，正式开始其学术生涯。

童年生活动荡，迁徙成为常态；幼年与父母分离，在寄宿学校长大。青年时，道金斯甚至在书中隐晦地谈到学校自杀的男教师有恋童倾向……如果这一切最终导致一个人走上歪门邪道，甚至发展出反社会人格，那听起来应该是很符合人的成长经历影响性格发展的心理学分析的。

但是，为什么道金斯能够成长为今天的道金斯，而没有成为一个坏孩子？

给孩子什么才是最珍贵的

通读《道金斯传》，不得不折服于道金斯的幽默、风趣与热情。比如对自己在男校度过整个青春期的苍白，道金斯这样调侃自己："我对所有的女生都心怀敬畏，连一支笔都不敢跟她们借，那么比借笔更有意思的事情，就更不会发生在我身上了。"

很明显，道金斯的这种性格深受其父母的影响。在艰苦的条件下，道金斯一家始终保持着乐观的心态。

乐观而保有自己的爱好，这是道金斯的父亲在书中给人留下的印象。在道金斯眼里，父亲总是会忙于某一项令他着迷的兴趣爱好。通常情况下，这项活动能充分施展父亲的巧手和发挥父亲的独创精神，这一点很令道金斯钦佩。父亲曾利用废旧金属和麻绳，制作出彩色幻灯片。

道金斯的父亲还非常喜欢记录天气信息，年复一年地在笔记本上记录每天的最低气温和最高气温以及降水量。道金斯发现，家中的宠物狗时常在父亲的雨量测量器中尿尿，但这丝毫不影响父亲继续一丝不苟地做记录。

这种对自然保有热爱与兴趣、对科学充满探索的精神，不仅存在于道金斯的父亲身上，也存在于道金斯的祖父、外祖父及两位叔叔身上，他们均在各自感兴趣的领域有所成就。外祖父撰写的《短波无线通信》从20世纪30年代到20世纪50年代早期，一直是该学科的权威教科书。小时候的道金斯虽看不懂这本书，却深深地为外祖父感到自豪。

书中有一幅插图也非常引人瞩目，那是爱画画的道金斯的母亲所描绘的家庭生活画面，在这幅名为《我们曾经的交通方式》的画作上，有道金斯的父亲在索马里用过的装甲车，也有道金斯的母亲牵着道金斯大踏步前进的场景，还有道金斯用玩具卡车推着妹妹莎拉的场景。出现在画面里的还有马拉维湖边的沙滩、道金斯的宠物变色龙和婴猴。这样的画面充满了对生活的热爱，这份热爱溢出画面，一直流淌在道金斯的生命之河中。

与爱相随的是自由。与今天在各种培训班兜兜转转的孩子们不同，道金斯和他的妹妹享受着充分的自由，可以尝试很多事：到山谷冰凉的溪水中游泳，在家中做化学实验，用各种手法折腾出甜菜根酒、清洁剂或维生素药丸。道金斯的父亲甚至还给了兄妹俩一窝小猪崽，让他们全权负责照料小猪。

爱与自由、乐观与幽默，我想，这才是父母给予孩子的最珍贵的东西，而不是充沛的物质和有距离的"陪伴"——比如，父母在孩子身边，却低着头看手机。

这应该就是道金斯没有变成坏孩子的一个主要原因。

为什么牛津大学是塑造他的地方

道金斯认为，牛津大学是塑造他的地方，而其中对他影响最大的，则是牛津大学和剑桥大学独有的导师制。

在牛津大学的学习生涯中，发生的许多故事都让人感动。比如当道金斯问了辅导老师布鲁奈特博士一个问题，而对方回答不上来时，布鲁奈特会边抽烟斗边沉思道："很有意思的问题，我去问问费奇伯格，回头向你汇报。"

导师向学生"汇报"，这让道金斯感觉自己正式加入了大人的行列，在学术上被认真对待。为此，他兴奋地在家信中向父母提及此事。

在牛津大学读研时，道金斯加入了经济学教授简·丁伯根的团队，这对于他的学术成长是至关重要的一环。在这个团队中，有一位长者迈克·卡伦，深受道金斯爱戴，他甚至不惜在书中完整地收录了他为卡伦所写的悼词。

道金斯在悼词中写道："他本人并没有发表过许多论文，但他在教学和研究中孜孜不倦。他总是匆匆忙忙、披星戴月，而余下的一点儿个人时间也贡献给了研究工作。但这些研究却不是他自己的研究……其实，在那个黄金时代，从贝尔顿路13号（卡伦办公室）发出的数百篇论文，都应该将他列为合著者。而事实上，除了致谢的部分，他的名字从未出现在任何一篇论文中……"

这样一位教育者的形象，对于今天的映照意义是不言而喻的。

养成与走向有着怎样的联系

《道金斯传》的下部是《我的科学生涯》，按主题划分，分别讲述了道金斯在牛津大学执教的 39 年里，参加学术会议、撰写科普著作、拍摄纪录片、创办西蒙尼公共科普讲座等人生经历。

自传上部中，在家庭、学校等环境因素综合作用下养成的科学家，在自传下部所讲述的辉煌的科学生涯中，选择走向大众，选择面对最广泛的群体来传播科学，这种养成与走向之间，到底有着怎样的联系？

我想，那其实就是一颗科学的种子萌发、生长，最终长成参天大树，又把种子播向四方的过程。

父母和老师在道金斯的心中播下的这颗种子，既饱含对生活的热爱、对自然的好奇，也有着对真理的追求、对新知的接纳。在自传下部的第一章《牛津那些事儿》里，我们可以清晰地看到道金斯的教育观念，尽管他始终在打趣一些陈年往事，但在字里行间，他对教育的看法是相当明确与强硬的。

比如他曾经和同事，就一名牛津大学历史系学生在世界地图上找不到非洲的位置一事展开讨论。同事为这名学生辩护说，也许是因为她上高中时落下了一节地理课。而道金斯认为：“如果一个人长到 17 岁，不能受好奇心的驱使而去了解非洲的位置，必须通过课堂学习才能掌握这个知识点的话，那就意味着这个人早已对世界失去了兴趣，对学习新知是懈怠与抗拒的，这样的学生本就不该被我们学校（指牛津大学）录取，哪所大学都不应该录取这样的学生。”

道金斯常常这样语出惊人，尽管道金斯的建议很少被采纳，但这些貌似戏谑的建议背后，凸显的是道金斯的坚定信念：播种科学的种子和进行科学研究，有着同样重要的价值。

我们为什么缺少科学精神

张双南

　　我今天想给大家分享的主题就是科学，因为科学知识大部分是从书本上来的。有一本和科学有关的书，对于我来讲具有特别的意义，就是诺贝尔奖获得者史蒂文·温伯格所写的《最初三分钟》。我是在 20 世纪 80 年代末读到这本书的，那时候我已经是研究生了，那本书给了我非常大的震撼，为什么呢？仰望星空，看到有非常非常多的星星，那么这些物质是从哪里来的？宇宙的起源是什么？这也是哲学家问了 2000 多年的问题。在这本书里面，他讲到物理学家和科学家提出的一个理论——"大爆炸理论"，得到了实验和观测的验证。这个理论认为，在宇宙大爆炸之后，仅仅 3 分钟的时间里，就形成了后来形成恒星的这些物质。哲学家们问了 2000 多年但一直没有得到答案的一个问题，即宇宙的起源是什么，就这么被物理学家和科学家们简单地回答了。这让我受到震撼——科学的威力竟这么大，它可以帮人类找到很多问题的答案。

我 1984 年从清华大学毕业时，觉得自己读的书不够多，那怎么办？我便去中国科学院读了两年的研究生。但我之后觉得自己读的书还是不够多，知道的东西还是很少，便出国留学，到英国去读书。我到英国后发现，自己读的书真的是不够多。为什么呢？在我和同事们一起讨论我们的研究课题时，他们经常问一个问题："这里面有什么科学原理？"我每次听到这个问题，都一脸茫然，我知道什么是天文、什么是物理、什么是化学、什么是生物，但我就是不知道什么是科学。我读了这么多年的书，竟然从来没有人教过我什么是科学，我学的都是科学知识，但从来没有人告诉过我科学精神是什么、科学方法是什么。

我给大家讲两个故事。一个是跟孔子有关的，叫《两小儿辩日》。两个小孩儿在那儿吵架，孔子发现了，好奇心很强，便去看看这两个小孩在说什么。他们说："孔先生，您是位圣人，什么事情都知道，我们两个现在在吵架，吵不出结果来，您给判一判。"一个小孩接着说："肯定是早晨的时候太阳离我们近啊，因为太阳在早晨时看起来更大。"另外一个小孩说："早晨的时候天气特别凉，中午的时候很热，太阳显然离我们更近嘛，只不过看起来小一些。"孔子说："我不知道这个问题的答案是什么。"那这个故事到这儿是怎么结束的呢？这两个小孩就嘲笑孔子："原来你并不比我们知道得多。"为什么早晨天气凉，但太阳看起来大呢？为什么中午太阳看起来小，但是天气很热呢？这里面有大气科学问题、测量学的问题和传热学的问题。但是 2000 多年来，我们没有去刨根问底，追问背后的道理到底是什么。这就是典型的以诡辩代替刨根问底、以赢得辩论代替追求真理。

第二个故事其实更加脍炙人口，就是《杞人忧天》。杞国有一个人，他成天担心，这个天会不会塌下来把他砸死；天上的星星啊、太阳啊、月亮啊，会不会掉下来把他砸死；脚下的这个地，是不是不结实，会不会让他掉下去。他天天担心这些问题，寝食难安。有一位朋友开导他："你这个人真是没事找事，这个天就是气嘛，你天天在里面呼吸自如、行走自如，它显然不会塌下来。""那天上的星星为啥不掉下来呢？"他这位朋友又开导他："星星啊，其实就是光。光怎么会掉下来呢？即便光掉下来砸着你也没事啊！"他又说："那地要是万一陷下去了怎么办？"朋友说："你看，你踩一踩脚，这个地面结实得不得了，你不可能掉下去。"事实上为什么天不塌下来？为什么星星在天上不会掉下来？西方人追问这些问题，所以有了牛顿力学；我们不追问这些问题，认为这些问题是无稽之谈。其实这些问题都是严肃的天文学问题、力学问题、大气科学问题、地球科学问题。2000 多年来，我们都还用"杞人忧天"这个成语来嘲笑异想天开、不切实际的人。这个故事到底告诉了我们什么？以自圆其说代替刨根问底，以实用主义代替追求真理。既然地塌不下去，那为什么要担心它会塌下去呢？大家想一想，在我们的日常生活中，是不是经常有这样的事情？

为什么会出现这种问题？这和科学史上非常有名的一个问题是有关系的，这个问题叫作"李约瑟难题"。李约瑟是英国的一位历史学家，他研究中国的科技史提出了一个问题：中国古代的文化和技术都比西方先进很多，但是为什么科学不是在中国产生的？

我们经常讲，中国古代有辉煌的科技成就，例如古代的四大发明，中国古代的这些辉煌成就都是技术，但我们没有刨根问底，追问这些技术背后的科学原理是什么。如果要追问的话，指南针背后的科学原理是什么？电磁学。造纸术背后的科学原理是什么？化学。活字印刷术背后的科学原理是什么？自动化科学。火药背后的科学原理是什么？化学。如果我们追问这些科学原理，把它们搞清楚，我们的科学发展可能早就领先了。这也是我们对科学和技术无法区分的一个例子，我们认为好的东西，就是科学的东西，但我们并不知道科学到底是什么。

当普京还是俄罗斯总理的时候，俄罗斯跟德国合作研制一颗天文卫星，这个项目的科学目标就是想了解暗能量是什么。普京听了这个汇报之后说："我想请教各位科学家，第一，暗能量有没有用？第二，暗能量有没有危险？"俄罗斯科学家不知道怎么回答，德国科学家说："总理先生，如果100年前我们问爱因斯坦相对论有没有用，相对论危险不危险，爱因斯坦的回答一定也是3个字——不知道！为什么回答不知道呢？因为科学研究关注的是科学规律，爱因斯坦也不知道，100年之后相对论有没有用，危险不危险。"100年之后怎么样，没有人知道，可能很有用，也可能很危险，这就是科学。科学所关注的是研究科学规律、发现科学规律。

到底什么是科学？简单地来讲，科学就是"刨根问底"4个字。科学本身还有3个性质，我把它们叫作"科学的3个要素"。第一个要素，科学的目的——发现规律。它可以是自然界的规律，也可以是人的行为的规律；可以是社会活动的规律，也可以是经济学的规律，只要是以发现规律为目的的，那就可能是科学。科学的第二个要素是科学的精神。科学的精神有3点：质疑、独立、唯一。质疑指的是什么？有了"地心说"，大家一再质疑：这个理论和观测结果能不能对应啊？有了"日心说"，开普勒还在质疑：你这个圆轨道对不对啊？你到底和天文观测能不能结合呢？有了开普勒定律，牛顿仍不满足：为什么有开普勒定律啊？不断地质疑。独立的意思是说，不管谁做科学研究，只要做对了，结果都是一样的。"唯一"的精神是说，最后你追求的科学规律是唯一的。即使牛顿不发现牛顿万有引力定律，如果我们等的时间足够长，也可能小撒（撒贝宁）会发现，叫作"小撒万有引力定律"，但是内容是一样的，无非是时间早晚和发现者不同而已，这就是它的唯一性。科学的第三个要素是科学的方法：逻辑化、定量化和实证化。逻辑化就是你可以根据一些公理或假设，按照你的逻辑往下推理，这就叫"逻辑化"。定量化就是你要能够做计算，这要使用的是数学工具。实证化指的是，你需要做观测、做实验才可以发展科学。

我们国家是航天科技大国，现在我们国家逐渐认识到了科学的作用。所以，在今后一段时间内，我相信我们在使用我们先进的航天技术做科学的探索——在探索宇宙、认识宇宙科学规律方面，应该会做得越来越多。这实际上也是我本人十几年前回国的一个原因。我觉得中国的未来，肯定会给我们提供越来越多的机会。

·摘自《读者》（校园版）2017 年第 13 期·

那些既美丽又智慧的女科学家

苏　白

可能在很多人眼中，高智商的女性往往长相一般、刻板无趣，似乎印证了那句俗话："上帝对人是公平的，它多给你一分美貌，就会少给你一分智慧。"然而美貌和智慧并不是对立的，下面要介绍的这几位女科学家就是集高智商和高颜值于一身——明明可以靠脸吃饭，却偏偏要靠才华。

获小行星命名殊荣的艾米·美因茨博士

历史上曾发生过一些天体撞击地球的事件，随着科技的进步，人们也逐渐认识到近地天体的潜在危机。美国国家航空航天局成立了相关项目，向太空发射探测器，以期能够监测到那些具有毁灭地球可能性的近地天体。

获得加州大学洛杉矶分校天文学博士学位的艾米·美因茨，就是美国国家航空航天局喷气推进实验室近地天体观测项目（使用红外线探测并区分小行星和彗星）的首席研究员，主要负责小行星、褐矮星、残骸盘、恒星的形成等相关研究。她认为："地球和小行星就像是赛马一样，共用同一个跑道围着太阳转，但是小行星带就像是那些在跑道外侧的马匹，小行星的运行轨道要比我们长得多，但我们跟它们终将会碰撞在一起。"

如果你是一位科普电视节目的资深观众，那么你可能感受过这位优秀女天文学家的魅力。她多次出现在纪录片《宇宙》中，向大众揭示宇宙中的种种奥秘；她还参与了讲述深受大众喜爱的《星际迷航》里斯波克的扮演者伦纳德·尼莫伊生平纪录片的拍摄。为了纪念她杰出的研究成就，人们曾用她的名字来为一颗小行星命名。

将数学和恋爱联系在一起的克里奥·克莱斯威尔

克里奥·克莱斯威尔是澳大利亚一位非常有趣的数学学者，她的思想很新颖并有启发性。才华横溢的她不仅从事数学研究，还是杂志专栏撰稿人和电视节目主持人。更难得的是，她不仅当选为澳大利亚国庆日200名形象大使之一，还曾荣获流行杂志评出的"全澳最美25人"称号。

克莱斯威尔认为，数学既然是我们最先进的识别工具之一，那为什么不将其应用于研究情感和人际关系的模式当中呢？在她的著作中，解释了应如何运用数学去预测或理解恋爱，此书广受青少年人群的喜爱，兼具专业性和趣味性的内容，让许多不太擅长数学的读者都感受到数学之美。

人类的大脑会如何思考数学，而数学学习又将如何影响我们的大脑，是她重点关心的问题。她利用数学来解释人们应该如何找到自己的伴侣，她将这个理论称为"12伴侣原则"——单身者在与12个人约会之后，才会有更大的概率遇到其最佳伴侣，当然这个最佳伴侣可能会是第16个、第50个甚至第110个。

钻研脑电图技术的阿迪提·珊卡坦丝医生

阿迪提·珊卡坦丝是英国著名的临床神经科学家，与斯蒂芬·霍金一起被评为"正在改变世界的8位科学家"之一。她在神经学科具有独特的学术背景，知识领域跨越神经生理学、神经解剖学和神经心理学三大学科。

她率先在临床工作中使用脑电图技术，记录脑部活动产生的图形，再做出一系列的复杂分析，以准确地诊断那些患有自闭症或其他发育障碍的儿童是否存在潜在的神经生理学异常。她这一开创性的工作已被美国有线电视新闻网、美国广播公司、《印度时报》等媒体报道，并且也作为她在TED（指Technology Entertainment Design的缩写，是美国的一家私营非盈利机构，该机构以它组织的TED大会著称，这个会议的宗旨是"传播一切值得传播的创意"）的演讲主题而广受好评。此前，她的另一项工作是利用脑电图技术，研究失读症患者的潜在神经系统成因，该研究成果不仅是她在英国议会上的获奖演讲主题，同时也是许多纪录片和出版物的话题。

她是全球神经科学基金会的董事会成员之一，该基金会致力于提高全球对神经和精神疾病的认识。知性优雅的她还一直作为英国广播公司的科学顾问，为电视纪录片提供专业的学科背景知识，帮助全球公众提高对脑疾病的认识。

·摘自《读者》（校园版）2017年第13期·

用生命做实验的"火箭人"

石不转

汽车安全带是我们随处可见的必要防护装置，但是你知道安全带的诞生比汽车要早，且早期的汽车并没有规定配备安全带吗？安全带被列为汽车的必备品，与下面这个人物有关。

1946 年的春天，第二次世界大战刚刚过去，为了研究飞行员在高空意外事故中如何逃生，并探寻人体承受重力加速度的极限，作为航空医学实验室成员的美国空军上校约翰·保罗·斯塔普开启了自己的"作死"之旅。

研究表明，18 个 G（G 是重力加速度，18 个 G 就意味着人体承受自重 18 倍的作用力）是人类的生存极限。而实际上这又有一定的矛盾，有些飞行员在经历理论上必死无疑的高速撞击后仍能意外逃生，在一些低震级的事故中却有人丧命。在结合事故调查结果后，有人提出，驾驶舱及其附属防护组件被破坏才是他们丧命的主因。

为了验证这一点，斯塔普和研究小组设计了一个火箭滑车，模拟飞行撞击中产生的重力。原计划中只打算用假人实验，但是他主动提出要亲身体验。通过搭载不同数量的火箭，他体验了不同的重力影响，不仅是 18 个 G，在足以令人粉身碎骨的 35 个 G 中他都存活下来了。

在遭遇了若干次的脑震荡、手腕脱臼、肋骨断裂以及视物模糊（红视）的痛苦折磨之后，他证明了坐在后向式座位的乘客比坐在前向式座位的乘客能够承受更大的重力而更易存活。军方迅速下令，新运输机上的座位要进行反向设计。

但是，这还不够。1951 年，为了研究超音速飞机中弹后，飞行员是否能够通过弹射座椅保命，斯塔普又做了一个更高速的升级版滑车。他像子弹一样被射出，但又比子弹的速度要快得多，当滑车加速到超音速区，又仅用了 1.4 秒停下来时，产生了 46.2 个 G 的作用力。他眼球里的每根毛细血管都几乎破裂，所幸视网膜没有脱落，不久之后他的视力恢复正常。

虽然因为军方阻拦，"火箭人"的实验就此中止，但是这都不重要。斯塔普已经证明，一个飞行员如果受到充分的保护，就可以在高空高速弹射中生存下来。利用他的数据，工程师将会生产出新一代更高、更快、更安全的飞机。

而且，斯塔普还意识到，他的研究也同样适用于汽车。他极力游说，要在汽车上安装安全带，并对减震措施做一些改进。1966 年，约翰逊总统签署要求所有新车安装安全带的法律规定时，斯塔普就站在他的旁边。所以，当你系上安全带时，不要忘了这个"地球上速度最快的人"。

·摘自《读者》（校园版）2017 年第 20 期·

19 世纪科学的女王

海　生

　　英国有一位女性科学家，尽管之前牛津大学的一个学院和加拿大的一座岛屿是以她的名字命名的，太阳系的一颗小行星和月球的一个陨石坑也被冠以她的名字，但知道她的人并不多。她的名字叫玛丽·费尔法克斯·萨莫维尔。

痴迷科学的富家女

　　1780 年，玛丽出生于苏格兰的一个小镇，并在那儿长大。她从小就对自然界十分着迷，喜欢收集贝壳和化石，观察鸟类和海洋生物，或者在晴朗的寒夜里，入迷地仰望星空。她对知识充满了渴望。不幸的是，尽管出身显赫，但由于时人对女性的偏见，她还是不能接受正规教育。

这一切没有难倒她。她决心自学，向朋友们请教拉丁语、代数、地质学和自然史。"还在 15 岁的时候，我就经常熬夜学习欧几里得几何。"她在回忆录中写道。一次偶然的机会，她去旁听家庭教师给她兄弟上的数学课。提问时，她的兄弟没答上来，而她却很快就答对了。这让老师大为欣赏，允许她以后继续旁听。

24 岁那年，玛丽嫁给了一位叫塞缪尔·格雷格的远房表兄。她一如既往地钻研科学，但丈夫不理解她，认为带孩子、做女红才是妇女的正业。这段婚姻让她很不愉快，不过为时不长，三年后她丈夫就患病离世了。

1812 年，她改嫁威廉·萨莫维尔。这一次很幸运，丈夫跟她一样爱好科学，甚至在发现妻子的天赋比自己高时还倾全力支持她。玛丽结识了很多科学界的名流，她时常与他们通信，热心阅读他们出版的每一部著作和论文。科学上每有进展，她都要做摘记。她的一本笔记本中，记载的内容包罗万象，从太阳的大小到南太平洋上的飓风，再到好望角的地质，什么都有。她还经常到欧洲大陆拜访各国科学家，聆听他们讲述自己的发现经历。她就这样获得了许多科学前沿的第一手资料。

史上第一位科普作家

1831 年，玛丽翻译出版了法国科学界泰斗拉普拉斯的巨著《天体力学》。这么艰深的科学书，译者竟然是一名女性，这让时人大吃一惊。因为当时在大多数人的心目中，妇女由于智力上的局限性，是无法理解高深科学的。

这件事给玛丽带来了巨大的声誉。拉普拉斯曾当面对她说："这个世界上理解我的女人只有三位。夫人，您是其中之一。还有一位是卡洛琳·赫歇耳（英国天文学家威廉·赫歇耳的妹妹，也是天文学家），再有一位是我从未谋面，仅通过几次信的格雷格女士。"殊不知，第三位格雷格女士也正是玛丽本人——格雷格是她改嫁前的夫姓。

1834年，玛丽自己写的一本书《物理学的关联》出版了，这本书是当时自然科学各学科知识的集大成者。以往的科学著作在世人眼中都高深莫测，里面充斥着数学方程和难懂的专业术语，而这本书却让人们耳目一新。作者娓娓道来，不时引述科学家的自述，里面没有数学公式，语言不仅浅显易懂，而且富有诗意。譬如，作者描写环状星云："是一个明亮的光环，充满了朦胧的光，像一袭漂亮的轻纱在一个圆环上延伸。"

一时间，成千上万的读者竞相购买此书。当然我们现在认为，这本书严格说来不是科学著作，而是一本科普书籍。玛丽算得上是历史上最早的科普作家。

19 世纪科学的女王

直到20世纪初，该书仍被英国的学校用作教材，隔几年就要再版。每次再版，玛丽都要根据科学的最新进展进行修订。比如在第五版中，她指出天王星的位置有些异常，暗示可能存在第八颗行星。英国天文学家约翰·亚当斯读后大受启发，后来发现了海王星。英国物理学家麦克斯韦也是这本书的热心读者。正是书中对电磁学现象引人入胜的描述，激励他投身电磁学研究，把法拉第"场"的概念发扬光大。

玛丽还有一个著名的学生，即诗人拜伦的女儿埃达·洛夫莱斯。后者在玛丽的引导下，对数学产生了极大的兴趣。在一次沙龙聚会中，玛丽引荐洛夫莱斯与数学家查尔斯·巴贝奇相识。巴贝奇当时正在研制可以自动计算的机器，洛夫莱斯后来成了巴贝奇的得力助手。计算机运算中用二进制代替十进制，就是她最早提出来的。

此后，玛丽又出版过多部科普著作。难能可贵的是，她并不满足于闭门造车，对科学的激情一再驱使她前去观察各种自然现象。她曾几度冒着生命危险亲赴维苏威火山，观察火山喷发后的现场。她生前最后的日子就是在维苏威火山附近的那不勒斯度过的。

玛丽生前获得多项荣誉，是最早入选英国皇家天文学会的两名女性会员之一（另一名就是卡洛琳·赫歇耳）。她渊博的知识和为普及科学所做的开创性工作，使她赢得了"19 世纪科学的女王"的美誉。

·摘自《读者》（校园版）2018 年第 6 期·

科学家告诉你：你身体里过半组成不是人类

【英】詹姆斯·加拉格尔

费勒萌　编译

　　随着科学技术的进步，科学家对人体的认知越来越详尽。现在科学家称，人体只有 43% 的细胞属于人类，而其他的部分则是由非人类的微生物细胞群组成。

　　这一发现意义重大，因为它可能改变我们对许多疾病、过敏等一系列情况的认知。

　　同时，由此可能研发出对疾病变革性的新治疗方法。

　　马克斯·普朗克研究所微生物学组的研究人员说："这些人体中的微生物对人体的健康至关重要。因为你的身体其实不只是你自己。"

　　无论你每天自我清洁得多么彻底，你身体的犄角旮旯到处都被微生物覆盖着。

它们包括细菌、病毒、真菌和古菌等等。而人体中这种微生物聚集的主要场所当属肠道，因为那里是个黑暗的角落，并且缺乏氧气。

依赖人体生存的微生物群与人体有着微妙的互动并影响着人体，确切地说，你身体中微生物的成分比人体细胞的成分还要多。虽然科学家之前对此也有所了解，但那时他们还是觉得人体细胞多于寄存和生长在人体中的微生物，而现在的研究结果显示并不是这样的。

加州大学圣地亚哥分校的耐特教授表示，如果把人体中所有细胞都算在内的话，估计只有 43% 的细胞与人类有关。

如果从基因上来看，我们更是处于下风。

人类基因组大约由两万个基因组成，但人体中的微生物群的基因在 200 万至 2000 万个之间。

加州理工学院的一名微生物学家萨尔基斯更是认为，我们不仅仅有一个基因组，人体中的微生物群应该是我们身体中的第二个基因组。他认为，我们每个人都是由自身的 DNA 再加上我们人体中微生物的 DNA 结合起来的。而这些依赖人体生存的微生物群与人体有着微妙的互动并影响着人体。

现在的科学研究已经逐步确认微生物在人体中的角色。它们在帮助消化、调解人体免疫功能、保护人体免受疾病攻击以及生产人体必需的维生素等方面都扮演着重要角色。

耐特教授说："我们直到近期才发现，这些微生物在影响人体健康方面所起的作用是我们之前从未想象过的。"

这会让我们重新看待人体中的微生物，而不是像从前那样主要把它们当作敌人。

微生物战场

过去，人类发明了抗生素和疫苗来对付天花、结核杆菌或者超级细菌 MRSA 等，挽救了无数生命。

然而研究人员担心，我们在杀死"有害细菌"的同时，也对那些"有益细菌"造成了巨大的伤害。

耐特教授表示："过去 50 年，我们在消灭传染病方面成绩斐然，但是我们也看到了自身免疫性疾病以及过敏症的激增。"

他认为，虽然我们成功地控制了一些病原体，但是也催生了一系列新疾病和问题。

最新研究结果表明，微生物与帕金森症、炎症性肠病，甚至抑郁症和自闭症都有关联。

微生物与肥胖症

此外，人体内的微生物可能还与肥胖症有关。当然，人的体重与生活方式、家族史有关系，但是肠道里的微生物可能也对此有影响。

例如，人们吃了汉堡包和巧克力以后可能会影响其体重，但是这些食物还会影响人们消化道中生长的微生物群。

耐特教授用小老鼠做了验证性的试验。

试验结果显示，如果把胖人的肠道粪便细菌输入老鼠的肠道中，可以让老鼠变得明显肥胖。

而这些用于做试验的老鼠已事先确保它们生存在无菌的环境中。

同样，如果把瘦人的肠道细菌输入给胖老鼠，可以帮助老鼠减肥。

这一效果的确令人感到神奇，但问题是这能在人身上奏效吗？

信息金矿

维康桑格研究所的劳利医生所进行的试验是分别培养健康人与患病者的微生物群。

他说，在那些病人体中可能缺乏某些细菌。他们的想法是重新找回那些消失了的有益细菌。

劳利医生说，越来越多的证据显示修复一个人的微生物"可以从实际上缓解"一些诸如溃疡性结肠炎等的肠道疾病。

当然，微生物药物研制还处于初级阶段，但一些研究人员认为观察自己的大便不久将成为家常便饭，因为它可以提供关于我们健康的信息。

耐特教授表示，人们排泄的大便包含了自己身体中微生物 DNA 的大量数据。也就是说，人每次排出的大便都蕴藏着其身体的数据，而之前，人们直接把这些信息都冲走了。

他说，希望在不太遥远的将来，每次人们在冲大便时都能得到即时的数据解读，反映其身体状况。

"我认为，这将成为一场真正伟大的变革。"耐特教授说。

·摘自《读者》(校园版) 2018 年第 15 期·

比肩诺贝尔的科学传播者

苏琼山

在人类历史上，有许多实业家凭借科学知识得到了大量的财富，他们怀着感恩的心，不遗余力地资助科学研究，成为伟大的科学传播者，阿尔弗雷德·诺贝尔便是其中最杰出的代表。然而，在欧洲还有一位与诺贝尔同一时代的首屈一指的富豪，他的人生经历与诺贝尔极为相似，他就是比利时化学家、实业家——欧内斯特·索尔维。

化学研究带来的财富

1838 年，欧内斯特·索尔维出生于比利时的一个小村庄。他的父亲经营着一个石矿以及一个小小的盐场。受父亲的影响，索尔维从小就对化学特别感兴趣，但是由于患有胸膜炎，从小身体羸弱的索尔维不得不辍学回家。不过，多亏了父亲的盐场，索尔维就算在家中也可以接触化学，他跟着父亲做各种化学和电学实验，在化学世界中尽情遨游。

1859 年，索尔维离开了父亲的盐场，到叔叔的一家煤气工厂工作。在那里，索尔维的任务是研究煤气废液的用途。洗涤过煤气的水中含有不少氨和二氧化碳，索尔维想让这些物质发生反应，从而生成碳酸铵这种有用的产品。一连串的实验后，年轻的索尔维没能让煤气废液变废为宝，但意外地发现了一种化学反应。当时，索尔维把废液缓慢加热，使氨和二氧化碳从液体中逸出，并将它们溶解到盐的溶液中。然后，进入溶液的氨和二氧化碳便发生了沉淀，而这种沉淀物正是碳酸氢钠。看着这些碳酸氢钠，敏锐的索尔维立刻意识到要有重大发现了。因为只要加热煅烧碳酸氢钠，就能得到千家万户都在使用的纯碱（碳酸钠）。所以，索尔维当即提出了用氨制取纯碱的方法，并为自己的方法申请专利。

在工艺上经过多次改进后，索尔维便和弟弟花光所有积蓄，孤注一掷地创办了第一家纯碱制造工厂。

1867 年，在比利时工业展览会上做了展示之后，索尔维的氨碱法开始在国际上走红。英国、法国、德国、美国的资本家争相与索尔维合作，纷纷开设氨碱厂。到了 1900 年，全球 95% 的纯碱都是采用索尔维发明的氨碱法来生产制取的。自然而然地，靠着氨碱法，索尔维也成为比利时乃至全世界最富有的企业家之一。

伟大的索尔维会议

对于索尔维来说，财富并不是他人生的唯一目标，在企业成功后，索尔维将赚来的钱源源不断地投入到科学慈善中。

1887 年，索尔维为布鲁塞尔自由大学的职工提供了一笔津贴，这是他对科学事业的第一次资助。随后，索尔维更是致力于把布鲁塞尔打造成一座真正的"科技之城"。这里的第一座建筑心理学研究所、社会学研究所、物理学研究所、化学研究所、索尔维商业学校、国际物理及化学研究所等，都在他的慷慨解囊下，逐步建立起来。

不过，在他众多的科学慈善项目中，影响最大的莫过于以他的名字命名的索尔维会议。

20 世纪初，索尔维成为世界级富豪的时候，也正是现代物理学的两大支柱——相对论和量子理论诞生的年代。由于量子理论和相对论所产生的新概念与经典物理学理论出现了严重不协调，1909 年年末，德国科学界的两位领袖人物——物理学家普朗克和物理化学家瓦尔特·能斯特，开始酝酿召开一次国际性的物理学会议，试图协调麦克斯韦、玻尔兹曼的经典物理理论与普朗克、爱因斯坦的量子理论。第二年春天，能斯特在布鲁塞尔见到了索尔维，双方聊起了这个话题。索尔维对能斯特提出的会议构想很感兴趣，他建议由自己出资，让能斯特去邀请世界上顶尖的科学家，举办一次最高水平的国际科学研讨会议。

经过一年的筹划，1911 年 10 月 29 日，第一届索尔维会议在布鲁塞尔召开，以普朗克、亨德里克·洛伦兹、爱因斯坦为代表的物理学界殿堂级人物悉数赴会，他们终于可以面对面地交流自己对辐射理论和量子理论的看法。会后，这次会议的内容以论文集的形式记录并出版，使"量子理论从四面八方突破了德语的边界，成为一个在法国和英国同样使人感兴趣的问题"。另外，这届会议是世界上首次国际性物理学会议，它让世人看到了国际性学术讨论会的科学价值，为物理学的发展提供了一种全新的模式。

由于这次会议的成功召开，1912 年，在洛伦兹的帮助下，索尔维创建了一个基金组织，命名为国际物理学协会。他决定，索尔维会议每三年举办一次，会议经费由索尔维的基金会来提供。然而，第一次世界大战打乱了索尔维的安排，直到1921年，第三届索尔维会议才在布鲁塞尔召开，次年，索尔维就病逝了。

指引物理学的发展方向

此后，索尔维会议一届一届延续下来，在这个平台上，一幕幕物理学界的传奇故事接连上演。

1927年10月，第五届索尔维会议在布鲁塞尔召开，参加会议的29位物理学巨匠的合影流传至今，成为一段佳话。该届会议原定的主题是"电子和光子"，但由于爱因斯坦和尼斯·玻尔两位物理学巨人的争锋，会议实际上变成了对量子力学诠释的一次全面讨论。在1930年10月的第六届索尔维会议上，两个人的争锋更加激烈。这两次会议后，量子力学的争论逐渐演变成以爱因斯坦和玻尔为代表的两派之间的"世纪论战"，这无疑对物理学的发展产生了深远的影响。

二战过后，索尔维会议继续引导了物理学的研究方向。第七届会议结束后，索尔维会议开始向粒子物理学倾斜，使得粒子物理学步入黄金时期，其间，诺贝尔物理学奖有一半都被授予了粒子物理领域。20世纪60年代后，索尔维会议着重讨论天文学，一时间，天体物理迅猛发展，为欧美各国间的火箭、人造卫星等太空探索技术和太空竞赛提供了理论保障。从20世纪80年代至今，索尔维会议的主题紧紧围绕高科技应用物理展开，量子计算、拓扑理论、通讯物理学成为热门话题，助力科技创新。

诺贝尔设立了以自己的名字命名的科学奖，而索尔维创立了世界最高水平的学术会议——索尔维会议。虽然索尔维远没有诺贝尔那样闻名，但无论诺贝尔还是索尔维，都不应该被我们忘记，他们热爱科学，都是伟大的科学传播者。

曹原：驾驭石墨烯的少年

齐菠萝

2018 年 12 月 18 日，世界顶尖学术期刊《自然》发布了 "2018 年度科学人物"，1996 年出生、在美国麻省理工学院攻读博士的中国学生曹原位居榜首；2018 年 3 月，该杂志罕见地刊载了两篇有关石墨烯超导重大发现的文章，而这两篇文章的第一作者都是曹原。

这是《自然》杂志 149 年历史上的首次，曹原也成为以 "第一作者"身份在该杂志上发表论文的最年轻的中国学者……

一时间，全世界惊叹：曹原是谁？他到底有多牛？

轰动世界的 "石墨烯驾驭者"

2017 年，曹原和他的团队发现，当两层平行石墨烯堆成约 1.1° 的微妙角度（魔角），就会产生以零电阻传输电子的神奇超导效应。这种用石墨烯实现超导的方法，开创了物理学一个全新的研究领域，有望大大提高能源的利用效率与传输效率。

《自然》于 2018 年 3 月 5 日刊发的两篇文中提到，曹原团队在魔角扭曲的双层石墨烯中发现了新的电子态，可以简单实现从绝缘体到超导体的转变，打开了非常规超导体研究的大门。这一重磅消息瞬间引爆全球，该杂志称曹原为"石墨烯驾驭者"。

众所周知，从发电站到用户的传送过程中，能量是有损耗的，而且损耗量巨大。1911 年，荷兰物理学家昂内斯发现，当汞被冷却至 4.2K（–268.95℃）以下时，电子可以通行无"阻"，从而将能源损耗降到最低。这个"零电阻状态"被称为"超导电性"。

但问题是，超导体要在 4.2K 以下的环境中才能显现其近乎零损耗的输电能力，而这其中的冷却成本高得让人绝望。于是，全世界的科学家开始了各种实验，去寻找低成本超导材料。"物理学家已经在黑暗中徘徊了 30 年，试图解开铜氧化物超导的秘密……"如今，中国青年曹原，成了照亮黑暗的那盏明灯。

然而，研究过程最初并不顺利。实验中最困难的地方在于，如何将两层石墨烯之间的转角精确地控制在 1.1° 附近。在经历了一次又一次的失败后，曹原依旧信心满满地说："实验失败是家常便饭，心态平和地对待失败就没什么压力了。吃一堑长一智，做得多了，慢慢有经验了，难题自然就攻克了。"

在之后的半年多时间里，他夜以继日地待在实验室，克服了样品无法承受高热、机械部件有滞留回差等重重困难后，震惊世界的石墨烯传导实验终于成功了。

"我并不特别"

1996年，曹原出生在成都，3岁多时随父母去了深圳。在深圳景秀小学读书时，往往老师刚说出题目，曹原就喊出答案。"我那时经常接嘴、插嘴或者和老师顶嘴。"曹原不觉得自己比同龄人聪明多少。他说："我只是比较爱读科技类的课外书，像《科学探索者》，我前前后后翻了好多遍，为我现在的知识面打下了很好的基础。我现在的动手能力，也得益于小时候常在家捣鼓电子电路和化学实验的经历。"

小学六年级时，曹原转入深圳市耀华实验学校。在这里，他更加放飞自我：课桌、椅子、黑板都没能逃过他的"毒手"，甚至连老师的讲台都被他拆了；他在学校搞了个实验室，还在家里弄了个实验室。当时做实验所需的硝酸银很贵，也很难买到，他就买来了硝酸，偷偷地把妈妈的银镯子放进去，人工合成了硝酸银。

这些事惊动了校长，校长非但没有责怪他，反而连连称赞："这孩子是个好苗子，是个天才！"并当即决定把他送进少年班，接受"超常教育"。

2009年9月，13岁的曹原考上了高中。那时学业繁忙，每天晚上放学回家常常超过10点了，但他还要花一个多小时捣鼓各种化学试剂。

"在学习中，重要的不是老师，也不是特别的教材与习题，而是自己愿意钻研的学习兴趣，以及善于钻研的自学能力。"曹原回忆说。

第二年，14岁的曹原提前参加高考，以669分的成绩考入中国科技大学少年班，并入选"严济慈物理英才班"。

天才辈出的中科大少年班竞争激烈，曹原却在其中如鱼得水。他经常穿梭于各大教授的办公室，一脸认真地逐一去请教，还时不时提出一些刁钻古怪的问题。2012年，曹原被选为首批交流生赴密歇根大学学习；

2013年6月又被牛津大学选中,受邀参加为期两个月的科研实践;2014年,曹原从中科大毕业时获得了该校本科生的最高荣誉奖——郭沫若奖学金。之后,他前往美国攻读博士学位。

《自然》杂志说,曹原认为自己"并不特别"。毕竟,他在大学里还是待满了四年,他说:"我只是跳过了中学里面一些无聊的东西。"

星空下的安静少年

脸上带着稚气的曹原,被网友誉为"科学大神"。但麻省理工学院的导师觉得,曹原在内心深处是个"修补匠",喜欢把东西拆开重装。"每次我进他的办公室,里面都是乱糟糟的,桌上堆满了计算机和自制望远镜的零件。"

有趣的是,除了专注于枯燥的学术研究,曹原还是个很懂生活情调的人。闲暇时,他喜欢和朋友一起四处旅行。

他特别喜欢看奥地利魔术大师表演的魔术,有时为了看一场表演,甚至会直接飞去维也纳。与简单的"变戏法"不同,欧洲魔术师非常注重艺术效果,会用奇思妙想的创意、行云流水的表演,甚至是高科技 AR 技术,将观众卷入一场奇幻之旅。

曹原说,魔术所有的"不可思议"都是以科学原理为支撑的,因而魔术师在物理、化学、生物等方面都需要积累一定的知识,这样创作出的作品才会令人耳目一新。

还有朋友开玩笑说,曹原成了一名"科学大神",世界上却少了一位"超级厨神"。原来,从小就嘴馋的他,不仅热爱美食,高兴时还会到超市采购各种食材,亲自下厨,清蒸鱼、烧茄子、爆炒肚片等色香味俱全的菜肴不在话下,让同事们大饱口福。

　　曹原还经常在朋友圈发天文观测的照片。他喜欢天文摄影，工作之余会通过天文摄影来进行自我调节。"仰望星空总是能让我安静下来。天文摄影涉及光学、精密机械、电子电路、嵌入式程序等在内的多方面科学技术，折腾这些东西，都是我的兴趣。"

　　对于自己的"学霸"成长经历和取得的成就，曹原保持着平和的心态。面对世界给予他的如此殊荣，他只说了一句简单的话："一个扎实走好每一步、过好每一天的人，他的未来一定不会太差。"

·摘自《读者》（校园版）2019 年第 7 期·

月球车背后的女人

张艳丽

面对月球背面更为严酷的环境，"嫦娥四号"搭载了一台在"玉兔号"基础上经过"魔鬼式升级的"月球车。在"玉兔号"的研发设计背后，有一位身材娇小、文质彬彬的女士——中国电子科技集团第二十一研究所航天电机设计研发工程师张艳丽。正是她，负责研制了"玉兔号"所使用的 14 台关键电机。

2018 年 9 月，张艳丽女士受到《造就》节目的邀请，登台演讲。

设计师难道要搬电机

2013 年 12 月 15 日，"玉兔号"月球车完美实现了落月。中国成为世界上第三个实现月面软着陆的国家。这台月球车上有 14 台电机是我参与研制的，我是一名航天电机研发工程师。

我在大学学的专业是电机。从本科到研究生，这个专业的女生数量就一直是个位数。毕业后，我和两个男同学来到了同一家单位。因为我当时是学校的优秀毕业生，又是我们专业的党支部书记，因此我觉得自己就像带了两个小跟班一样，优越感十足。

上班第一天，我特意穿上新买的一套职场女性风格的衣服，再穿上我的小皮鞋，"噔噔噔"地到了单位。然而，到单位之后，我发现了很多异样的目光。

两个男同学的师父看到高大帅气的男徒弟，那真是乐不可支。我的师父看到一阵风都能吹跑的我，却是一脸的无奈和失望。旁边有人跟他说："哎呀，李师父，你怎么这么倒霉！带个女徒弟有什么用啊！"当时，我的心里哇凉哇凉的。

我的师姐把我拉到旁边说，你今天怎么穿了这一身？你应该穿休闲的、运动的，最好穿跑鞋。你穿这一身怎么搬电机呢？我心里暗想，人事处告诉我是来做设计的，好像不是搬电机的……

后来我才明白，原来做研发，产品的设计、加工、生产、检测以及售后服务、技术支持等出现任何问题，那就是三个字："设计，上！"因此我们待在办公室的时间是最少的，大多数时间是待在车间里。

就这样，上班的第一天我一不小心成了所里的名人，也给领导留下了不适合做科研的印象。跟我一起入职的男同学设计的电机都已经快发射了，我依然没有拿到课题。

我极其郁闷。当时也有人劝我说，你还是离开吧，这里不适合你。但没有参加过战斗就当逃兵，我是怎么也接受不了的。

没有课题没关系，我可以学习。于是，我成天泡在车间里，研究每一道工艺、工序。就这样，在入职一年后，我终于拿到了自己的第一个课题——设计用于某款导弹的特种电机。

虽然这款电机设计出来已经有 30 多年了，但是它在零级品（注：比一级品高，意味着最高品质）上一直是零。这是它的一个技术瓶颈——你可能会在这个项目上耗费很大的精力，却没有任何的成果。

可我非常珍惜这个机会。因为实验台是有限的，我都是等别人下班后才做。每一次关闭整栋楼最后一盏灯时，我都会告诉自己：你一定可以的。

就这样，4 个月之后，电机通过我进行的高次谐波补偿，终于突破了30 多年的瓶颈，由原来的零级品为零，达到了零级品为 94%。

经过这件事情，领导对我的看法开始有所改变，我接的课题也越来越多。直到 2009 年，我承接了月球车项目。

月球车诞生背后

月球车项目一开始并不是只设计一款电机，而是三款不同的电机。那为什么最终做成了一款呢？是因为我在方案阶段提出了异议。我认为通过设计和工艺上的努力完全可以把三款不同的电机合成一款。

可能大家心存疑问，电机到底是什么东西？它在月球车上面是怎么使用的？简单来说：第一，电机是导航相机和全景相机的天线系统，相当于月球车的眼睛；第二，电机是月球车的四轮驱动系统，负责月球车的车轮转向；第三，月球车的能量主要来源于太阳能，因此它有一套太阳翼帆板，太阳翼帆板就像向日葵，要始终面向太阳，所以在月球车行驶的过程中，需要调整太阳翼帆板的角度，这也需要电机来完成。

让这三款电机合为一款是一个很大的挑战。通过充分的仿真分析论证，我的方案最终被采纳应用，这一决定相当于节省了三分之二的研制费用。但我们也将面临更多的困难。

为什么？因为月球表面的环境非常复杂，比如要经受高低温差300多摄氏度的考验，再比如它的原材料可能会在使用过程中释放一些污染物。因此，需要基于很多次的实验建立其模型，并通过模型分析如何减少它的放射性。

这个过程基础而繁杂。但这个项目的意义重大，不仅在于满足月球车的需要，也能为我国宇航环境下的小型化电机的研究提供很宝贵的经验和技术资料。

月球车项目完成之后，领导找我谈话。他说："你是所里面唯一一个连续8年没有进行过技术归零的设计师，所以你非常适合做质量管理工作。"也就是说让我走管理路线，而这意味着升职加薪。

什么是技术归零？简单讲就是你的产品在用户使用阶段出现任何问题，你都要从头开始查起，找到故障原因。这对于设计师来说，简直就是一个灾难。但我成功地避免了。我有秘诀，秘诀就是不要把自己的产品只当成一种产品，而是当成一种责任。

有一次，我在车间发现一个小姑娘在下线的过程中把引出线打了一个折。这种打折是不符合要求的。所以我告诉她，你这台电机不要再下了，重拆重下。

虽然这可能是她一整天的劳动成果，但是我认为这样做是非常必要的。因为航天产品是不可以返修的，在载人航天工程中，它关乎着航天员的生命安全。

说回升职加薪。当时领导的肯定让我非常高兴，但我考虑了3天，最终告诉领导：我还是想做研发设计。我知道这个决定背后的含义——

我可能到退休，也只是一个设计。

但我不后悔。

我非常享受一次次攻克难题的那种成就感。迄今为止，我设计的产品除了被应用于月球车，还被应用在中国的火星探测器、空间站、载人航天工程、"高分"和"北斗"系列卫星上。

当看着我的"孩子"一个个遨游在太空当中，我有一种难以言表的自豪感。现在它已经到达了月球，明天它将驶往火星。我相信在不久的将来，它会到达更远的太空，为人类探索更多的宇宙奥秘。

·摘自《读者》(校园版) 2019 年第 8 期·

不一样的天文学家：他曾激励达尔文，还改进了照相术

王善钦

在人类历史的长河里，出现了许多横跨多个学科的杰出学者，这些学者在自己感兴趣的多个领域里都取得了出色的成就，以博学家的身份名垂青史。约翰·赫歇尔就是其中的一员。

约翰·赫歇尔 1792 年出生于一个天文学家族，父亲威廉·赫歇尔是天王星的发现者、红外线的发现者、恒星天文学之父，姑姑卡罗琳·赫歇尔也是著名的天文学家。

虽然身处这样一个在当时极具名望的天文学家庭，但约翰·赫歇尔一开始并未专注于天文学研究。他 15 岁进入剑桥大学圣约翰学院，21 岁毕业，不仅获得了剑桥大学每年仅有两三个名额的史密斯奖，还在剑桥大学的数学荣誉学位考试中获得第一名，从而获得被誉为"在英国可获

得的最高智力成就"的"一等优胜者"称号。历史上获得这项荣誉的人，大多成为杰出的数学家、物理学家或其他行业的佼佼者。这一年，他还因为数学方面的才能而被选为皇家学会会员。

毕业之后，约翰开始学习法学。1816 年，24 岁的约翰回到了故乡斯劳，此时他的父亲威廉已 78 岁高龄，并在 8 年前就已无法从事劳累的天文观测。约翰接手了父亲未竟的事业，一边在父亲的指导下制造望远镜、整理父亲的一些观测材料，一边继续研究数学和化学。1819 年，27 岁的约翰发现硫代硫酸钠可以溶解碘化银、溴化银等含银的卤化物，这为他后来的一个重大发现埋下了伏笔。

1821 年，29 岁的约翰因为数学方面的突出成就获得了英国皇家学会的科普利奖。也是从这一年开始，约翰与合作者用两年时间核对父亲威廉留下的星表，这个星表里记录了大量由两颗恒星构成的双星系统。约翰从星表中发现了 525 个星云与星团，因此于 1825 年、1826 年先后获得了法兰西学会颁发的拉朗德奖与英国皇家天文学会颁发的金质奖。1825年，约翰发明了化学光度计，用以直接测量阳光的照射功率。

除了数学、天文学与化学，约翰对地质学、语言学等学科也有浓厚的兴趣。1831 年，他出版了《试论自然哲学研究》，这本书提倡用归纳的方法研究科学实验与理论，对科学哲学学科做出了重大贡献。这本书对物种演化尤为关注，将其称为"谜中之谜"，这使当时在剑桥大学读书的达尔文对物种起源等问题产生了"燃烧的热情"。

此时的赫歇尔虽然不到 40 岁，却已在数学、天文学、化学与科学哲学等领域都有了一定的成就。但他并不满足于此。为了观测南半球的天空，约翰于 1833 年年底出发，前往非洲好望角，在那里工作了 4 年。在南非期间，他于 1836 年再次获得皇家天文学会颁发的金质奖章，并因为 3 年前发表的一篇关于星云与星团的论文而首次获得皇家奖章。1836 年 6 月，达尔文在南非拜访了约翰，并在后来称他为"我们最伟大的哲学家之一"，部分原因是达尔文后来出版的《物种起源》受到了这次交流的巨大影响。

在南非的 4 年时间，被约翰认为是自己一生中最快乐的时光。他在天文观测之余，和妻子玛格丽特·斯图尔特一起研究了当地的多种花。他用描像器画出花的轮廓，然后让妻子填补细节，两人用这种方式画出了 131 种植物的高质量图像。这些画像在 1996 年被出版成书，书名为《赫歇尔之花》。

约翰在照相技术方面取得的多个重要进展大大提高了他的知名度。照相术于 1817 年由法国艺术家尼普斯发明，并于 1839 年被达盖尔改进为银版照相术。这种底片未感光的部分遇光还会变黑，因此只能放在暗室中。约翰于 1839 年首次使用"摄像"这个词，并在论文中指出硫代硫酸钠可以将未感光的碘化银溶去，将影像固定，底片就不会再变化，这个技术就是"定影"，他将这个方法告诉了达盖尔等人。由于在照相术方面的重大贡献，他在 1840 年第二次获得皇家奖章。在照相术方面，约翰还发明了此后长期流行的"蓝晒法"等重要技术。

由于底片上光照最强的部分最黑，光照最弱的地方最白，与实际的黑白相反，约翰将底片称为"负片"；这个称谓，连同他发明的名词"正片"与"摄像"，一直沿用至今。在约翰的重大突破之后，经过多位化学家的接力，照相术迅速成熟。照相术大大推动了天文学的发展。因此，约翰在照相术方面的贡献，也是对天文学的重大贡献。

1847 年，约翰耗时 9 年的《好望角天文观测结果》一书出版。这本书记录下了南天 68 948 个恒星、星团、星云、双星等天体的亮度与位置。因为这项成就，他在这一年再次获得科普利奖。在这本书里，约翰还为 7

颗土星卫星命了名。

1849 年，约翰出版了《天文学概要》，这本书很快成为当时天文学的标准教材并被翻译成多种文字，其中文版由李善兰和伟烈亚力翻译后改名为《谈天》，于 1859 年在中国出版。1864 年，约翰出版了《星云与星团总表》，他将父亲威廉与自己的相关观测工作汇集其中。

1871 年，约翰在肯特郡逝世，享年 79 岁。他被公认为那个时代最杰出的科学家之一，他在多个领域留下了不朽的成就，先后获得 1 次拉朗德奖、2 次科普利奖、2 次皇家天文学会金质奖、2 次皇家奖，3 次当选皇家天文学会主席（1827 年、1839 年与 1847 年）；他研究了数学、天文学、化学、实验照相学、植物学与科学哲学等多个领域，并在这些领域都成名成家；他既有杰出的理论才能，又擅长观测与发明。

为纪念约翰这位伟大的科学大师，英国为他举行了国葬，将他安葬在威斯敏斯特大教堂离牛顿墓很近的区域。当年深受约翰影响的达尔文去世后，也被安葬在威斯敏斯特大教堂，他的墓碑紧挨着约翰的墓碑，一白一黑。

· 摘自《读者》(校园版) 2019 年第 11 期 ·

阿诺德：历经坎坷，终成酶的"导师"

苏更林

当 2018 年诺贝尔化学奖的揭晓时，一个传奇女性科学家的名字迅速进入了公众视野——弗朗西斯·阿诺德，她是一个科学上的胜利者，身上无数的光环令全世界瞩目。从一个无拘无束的小女孩，到驾驭进化力量的大科学家，阿诺德到底走过了怎样的人生历程呢？

天马行空的女孩

1956 年，阿诺德生于美国，在宾夕法尼亚州匹兹堡的郊区长大。阿诺德的家庭背景优越，她的父亲是核物理学家，兄弟们也都是科学家。在这样自由、宽松的家庭氛围中，阿诺德可以根据自己的兴趣做任何事情，因此从小就养成了独立的性格。即使后来经济一度困难，她也没有选择向他人求助。为了解决房租和生活费的问题，她曾经在一家出租车公司开过出租车，甚至还在一家俱乐部当过调酒师。

少年时期的阿诺德对于人生并没有特别的规划，只是一个有着天马行空想象力的女孩。虽然不羁的性格让她的学习成绩受到了一定的影响，但她没有放弃过自己，一直渴望能够进入一所好的大学继续学习。后来，她申报了普林斯顿大学的机械和航空航天工程专业，成了当时班里唯一的女生。

改变从化学开始

阿诺德此前的人生轨迹似乎与化学并没有太大的关系，用她的话来说，她最初的设想并不是当一名科学家，而是成为一名外交官，或者某个跨国公司的CEO。

20世纪70年代，石油危机以及三里岛核泄漏事故引发了她的思考。20世纪80年代，生物燃料的发展使她对可再生能源产生了浓厚的兴趣。阿诺德选择到加州大学伯克利分校学习化学工程，而这也是改变她人生轨迹的一次重要选择。1985年，她获得化学工程博士学位；1986年，她转至加州理工学院继续进行博士后科研工作，后来留校任教。

阿诺德的研究侧重于蛋白质的定向进化及其在替代能源、化学和医学方面的应用。20世纪80年代，阿诺德又在生物技术和工程方面取得了数十项专利和多项专业荣誉，并且获得了国家技术和创新奖章。

然而，在由男性主导的工程领域，阿诺德的工作并没有受到重视。

有人质疑阿诺德研究的不是科学，还有人指责她傲慢自大。但是阿诺德根本不在乎这些，她仍然坚定地走着自己的路。她说："我不是科学家，也不是绅士，所以他们的说法不会困扰我……要说我傲慢，我从来都不否认，但我从不怀疑我所做的研究的实用性和重要性！"自信已经成为她性格中的一部分，这对于她在科学研究中保持独立性和创造性是至关重要的。

把悲伤留在过去

科学家也是普通人，他们的成就自然离不开家庭的支持。对阿诺德来说，在她的职业生涯走向辉煌的时候，接连不断的家庭变故无疑是沉重的打击。

2001 年，她的第一任丈夫詹姆斯·贝利因癌症去世，两人育有一子。

阿诺德是一个工作狂，在加州理工学院的 27 年里，她只休过一次假。2005 年，她与家人一起到澳大利亚、马达加斯加等地休假。休假回来后，阿诺德被诊断出罹患乳腺癌。她勇敢地接受了抗癌治疗并最终康复——是她的乐观态度，增强了她战胜疾病的信心。

2010 年，她的第二任丈夫兰格自杀身亡，两人育有两子。作为一个单亲妈妈，她不仅要照顾 3 个孩子，还要进行创造性的工作。2016 年，厄运再次降临，她的一个儿子在一场事故中意外身亡。这对她的打击实在是太大了。

2017 年，在加州理工学院的一次公开演讲中，她提到自己的人生波折时几度哽咽。

她曾这样安慰自己："总有比我更不幸的人。我感谢每天都能做自己喜欢的事情。"是的，穿行在逆境之中，要懂得把悲伤留在过去，过好每一天，做好每一件事情。

试管里的"进化论"

进化创造了这个复杂而美丽的世界，其中生物酶扮演了极其重要的角色。而生物酶是一种极为特殊的高效催化剂，其化学本质是具有催化活性的蛋白质或核酸。

自然界的氮循环离不开固氮酶的催化作用，它能以极其温和的方式把分子氮还原为氨，并在整个过程中对环境都是友好的。而工业上合成氨，需要在高温、高压的条件下才能实现，并且需要消耗大量的能源，同时产生大量的污染物。

我们需要向大自然学习，从进化中获得灵感，进而来改进我们的工业生产方法。阿诺德认为应当模拟自然的进化过程，用进化的力量来造福人类，获得人类所需要的酶，这是她不懈努力的方向。

自然界中蕴藏了极其丰富的酶，但有些酶并不能为我们所用。阿诺德作为"定向进化"的先驱，在驯化酶的研究中做出了开创性的贡献。而所谓"定向进化"，就是在试管中模仿达尔文"进化论"的过程，从而改良或创造新的酶类蛋白质。

对蛋白质进行有目标的进化选择，在自然界中可能需要数千年的时间，而在试管里只需要几个小时就能实现了。然而，要获得符合我们意愿和要求的生物酶，并不是一件容易的事情。阿诺德曾说："我不在乎999999 次的实验是否有用，我只想找到 100 万次里面成功的那一次。"

阿诺德在自然进化的启示下，在试管中通过"定向进化"繁殖出了更好的生物酶。利用这些酶可以生产生物燃料、环保塑料、药物以及其他特殊化学品，从而利用进化的力量来解决人类的生态问题。

阿诺德说："定向进化让我们能够重写生命密码，特别是用它来解决人类的问题。"同时她还说："我希望我的获奖能证明，女性可以把科学研究做得很好，并且同样可以为世界做出贡献！"

"80后"美女黄宁宁，用塑料瓶做"酷衣"，惊艳全世界

王 丽

在大多数人眼中，喝完水的塑料瓶无疑是随手可扔的垃圾，但黄宁宁发挥无限创意，将它们变成了款式多样的"酷衣潮包"。2019年3月28日，在2019秋冬上海时装周上，她设计的时尚、飘逸的轻薄印花长袖外套，厚实连帽卫衣，以及新潮的动物提花毛衣等被展示后，中外观众和设计师直呼"太好看了"。日前，她作为代表中国淘宝的4家品牌之一，参加了戛纳国际创意节展览，惊艳了全世界！如今她已经成为国内新兴创意力量的代表，被外国媒体誉为"中国最酷的女孩"！

从阿里巴巴辞职，旅途中发现"绿色商机"

黄宁宁是一个身材苗条的"80后"女孩，漂亮可爱，在上海长大，

大学学的是新闻学专业。原本想成为一名财经记者的她，抓住一次偶然的机会，进入阿里巴巴实习。2011 年 6 月实习结束后，她顺利入职，开始了与产品和数据打交道的日子。

5 年多的时间里，她迎来了移动互联网时代的爆发，从实习生一步步做到年薪 50 万的产品运营经理，也等到了阿里巴巴公司的上市敲钟。黄宁宁至今清楚地记得，那天，他们全部穿着写有"梦想还是要有的，万一实现了呢"文字的 T 恤，一个个热血沸腾。

但此后，性格活泼的黄宁宁陷入迷茫，开始思考自己人生的价值和意义。她一次次问自己："这是我真正喜欢的工作吗？"

2016 年夏天，黄宁宁选择了辞职，开始重新找寻自我。受喜欢户外生活的父母影响，她自幼就爱旅行，接着就开始了梦想中的"走遍世界"之旅。

最后黄宁宁来到美国加州一个风景如画的小镇，居住了 5 个多月。这儿的生活方式很简单，她开始跟着室友做垃圾分类，也逛逛二手商品店。

骑上自行车就可以到海边吹海风。在这里，她离互联网很远，甚至一步就可以踏进满是森林和野生动物的大自然。黄宁宁说，她曾以为是小镇的慢节奏生活吸引了自己，后来才意识到，她是被当地人物尽其用的生活方式打动了。

一次，黄宁宁看到一位摄影师朋友的旅行包很酷，对方自豪地告诉她："这是用塑料瓶做的，绝对绿色环保！"

黄宁宁仔细观察一番，惊愕得半天说不出话来。因为这个设计得很有个性的帆布包，看起来和塑料没有半点儿关联。

那个纽约女孩笑着说："一个这样的旅行包，有 20 多个普通饮料瓶就够了。而且很多家庭都喜欢这种用塑料瓶制作的包包、拉杆箱等。"

最初，黄宁宁以为这种用塑料瓶做酷箱包的技术，一定是非常厉害的"黑科技"，那位纽约女孩却告诉她，其实也没有那么神秘，这项技术在欧美已经有比较成熟的应用，比如塑料瓶回收制作成粗纤维，再做成沙发套、窗帘等产品。

黄宁宁灵机一动，何不把这个项目带到国内去，既环保又时尚，市场潜力太大了！

"把塑料瓶穿在身上"，创意很美却意外受挫

黄宁宁知道，在国内很多人喝完饮料就会把塑料瓶随手扔掉，垃圾处理场假如采取掩埋的方式，它们在土里几百年才能降解；如果焚烧，会产生大量有毒气体，严重污染环境，令环保部门非常头疼。

如果能将其做成日常用的潮品巧妙消化掉，既能赚钱，又能解决塑料污染这个大问题，岂不是一举两得？不料，当她把自己雄心勃勃的计划告诉家人时，父母却给她泼了一盆冷水："如果有这么好的环保赚钱生意，国内早就有人做了。你还是回来乖乖上班，安逸又没有风险！"

黄宁宁的倔劲儿上来了："谁说我就不能干大事！"

她在网上了解到，这种用塑料瓶制作的衣服、包包等，之所以在国内没得到很好的推广，一方面是因为再生材料的成本确实高，比一般纺织面料的价格要高出 30% 以上；另一方面是因为国人对"废物利用"做出的东西还不熟悉，这项技术才会成为很多人眼中高不可攀的"黑科技"。

2017 年 1 月，黄宁宁结束旅行，从美国回到上海，单枪匹马创建了 HowBottle（好瓶）公司，当时除了联合创始人，整家公司只有她和 4 名员工。

黄宁宁渴望把 HowBottle 打造成一个可持续发展的潮牌。只不过国内再生材料行业并不是很成熟，仅仅打通供应链这端，黄宁宁就用了 6 个月。

2017 年 11 月，HowBottle 以"一家用塑料瓶造环保 T 恤"的"神店"身份出现后，"把塑料瓶穿在身上"这个有趣的创意，让淘宝店铺一下子涌入了 3 万多名消费者。

期间转化了不少订单，但 HowBottle 最终并没有预想中的好评如潮。原来，由于工厂的不严谨，个别消费者收到的商品上沾了污渍，他们一怒之下就给了差评。甚至有人质疑，这是不是店主以"绿色"为噱头，玩的一个营销小花招。接着，产品竟乏人问津。

"说实话，有点儿让人措手不及。"栽了这个跟头后，黄宁宁非常生气，当机立断，暂停了与第一家工厂的合作。

一度，黄宁宁的情绪非常低落。正沮丧时，她在社交媒体上看到一部很火的反映环境问题的作品，涉及鲨鱼保护、追逐飓风、关注全球变暖、海洋塑料垃圾等问题。

创作者是一位外国采矿工程师，他甚至用一万个塑料瓶摆出了一片塑料海洋困住了美人鱼，并说："如果我们什么都不做，到 2050 年，大海里塑料瓶的数量将会超过鱼类的数量！"这个数字和画面，让众多网友颇感震撼……也让黄宁宁更加认识到了"消化"掉塑料瓶的紧迫性和重大意义。于是，她马上寻找到了新的实力厂家，建立起稳定可控的供应链。

垃圾变成颜值逆天的潮牌，惊艳了世界

为推广"循环再生"的理念，黄宁宁首先选择了去跟马拉松赛事进行合作。因为每场马拉松比赛产生的垃圾是日常量的 6 倍：在一场城市马拉松里，每个运动员平均会消耗 10 瓶水，每年中国跑步赛事中使用的塑料瓶超过 1 亿个。

　　怎样才能把环保这件事情变得很潮、很酷、很有趣呢？在兰州马拉松比赛中，为了让边跑马拉松边捡瓶子的行动影响更多的人，黄宁宁专门设计了一个工具包，里面有特制的可以直接放置塑料瓶的战袍等，只要敢于穿上战袍的"跑马者"都可以认领。

　　工具包里还有一份宣传单：3个瓶子可以生产1个抽绳包；12个瓶子＝1件T恤；24个瓶子＝1个背包；36个瓶子＝一套酷衣。通过这样一路"接力"的马拉松形式，她把宣传活动一直做到了贵州、内蒙古、上海和浙江等地。

　　除此之外，黄宁宁也在更多场合宣传"可持续生活"理念。作为"为蓝·I CARE"公益计划推荐认证企业，在太湖迷笛音乐节上，她把用3个塑料瓶制作的抽绳袋，发放给承诺拒绝使用塑料饭盒的摇滚乐迷；在亚洲音乐盛典上，粉丝们可以用12个塑料瓶换一件粉丝T恤，如果攒够100个塑料瓶，还能换取音乐会门票。

　　黄宁宁推出的用24个塑料瓶制作的"24包"，创意就更有趣了。它是黄宁宁和几个朋友碰撞出的火花。当时，她遇到了想用回收塑料瓶制作救灾帐篷的可口可乐公司与壹基金，于是三方产生了一个大胆的想法，用这些回收塑料瓶做成潮包，再把卖包所得的钱用来买帐篷救灾。

　　黄宁宁把这个想法告诉了几位喜欢玩"创变"的大咖：著名潮包设计师WY、远在意大利的奢侈品设计师一晗、一直为HowBottle友情出谋划策的设计师Fido等。结果大家一拍即合，于是，一个名叫"壹·瓶·可乐"的线上设计小分队成立了。"24包"从创意到生产了前后3次打板与调整，才成为一个与消费者见面的时尚产品。

　　小款精致灵巧，女孩子背起来轻便又有型；大款结实耐用，男生也能轻松驾驭。黄宁宁他们把回收来的曾服务于雅安地震的救灾帐篷布料清洗消毒，裁剪成一个个蓝色的小房子，印上独一无二的号码牌。

"收到包包后拉开内袋拉链，还会收获一个小彩蛋——超萌的 4 格漫画讲述这只'24 包'背后的故事。"

2018 年 5 月份，500 只设计独特的酷包在小范围内试销，尽管价格不菲，但很快销售一空。其中热爱环保和公益事业的明星姚晨就率先购买了一只，这让黄宁宁信心大增。令她开心的是，"包包供不应求，很快就出现了断货的情况"。

接着，HowBottle 作为腾讯公益 30 家社会创新团体之一，又受邀参展"99 公益市集"。

9 月中旬，HowBottle 登上杭州造物节，时任浙江省省长袁家军在阿里巴巴集团首席执行官张勇的陪同下，来到黄宁宁的摊位前，专门参观了 HowBottle 品牌传说中的最酷"24 包"，在场的人都赞不绝口。随后，大名鼎鼎的英国 BBC 还对黄宁宁进行了专访，称她是中国"捡垃圾"最酷的人！

黄宁宁从阿里巴巴辞职创业不到五年，如今已经成为国内新兴创意力量的代表人物。其实她最在意的不是赚多少钱，而是唤醒人们的环保意识。她相信，即使一个人的力量很微薄，也可以产生"撬动效应"，让世界变得更美好！

莎士比亚，也可能是一位植物学家

王　睿

　　如果莎士比亚没有成为剧作家，他应该是一位不错的园丁，或者植物学家。

　　植物见证了《仲夏夜之梦》的喜剧：仙王为了捉弄仙后，命令淘气小精灵迫克去采来三色堇的花汁，滴在仙后的眼睛里，她醒来后就会狂热地爱上第一眼看到的人。没想到阴差阳错，把姻缘线搅和成了毛线团。植物也见证了《罗密欧与朱丽叶》的悲剧：朱丽叶为了逃婚服下的假死药是植物颠茄的萃取物。当时的人们认为，食用几枚小小的颠茄浆果就可以导致昏睡。朱丽叶在沉沉睡去后被宣告死亡，消息传到罗密欧耳中，他带着乌头草来到朱丽叶的陵墓，服毒自尽。

　　在《莎士比亚植物志》中，这些香草花卉，甚至水果蔬菜，就像是打开莎翁作品的另一把钥匙。莎士比亚介绍了很多种植物，野生的，种植的，本地的，外来的，他都一视同仁。他用植物的特性来隐喻剧中人，抑或是借用这些植物在都铎王朝时期的特殊功用，暗藏玄机。正如朱丽叶所说："莫看那蠢蠢的恶木莠蔓，它对世间也有特殊贡献。"

与中国文学传统中的香草美人类似，玫瑰经常会出现在莎翁的十四行诗中，与爱和美相联系。但莎士比亚的植物学知识远不止于此。

在《冬天的故事》中，潘狄塔瞧不上康乃馨，因为"在它们斑斓的鲜艳中，人工曾经巧夺了天工"。这句话说得隐晦至极，却点出了植物也像动物一样是有性繁殖的，像郁金香和康乃馨这些色彩异常斑斓的花卉，大多都是经过人工培育的"半自然"植物。不过为了避免被指责成歪曲上帝的杰作，莎士比亚也只敢暗示而已。

这些记录足以颠覆莎士比亚"文科男"的形象。此刻，他真的像一名植物学家。

当然，几百年前的植物学并不总是那么"科学"，难免出现神秘主义的倾向。在都铎王朝时期，直接食用生果被认为是危险的行为，需要将生果制成馅饼或是果酱才能食用。甚至有植物学书籍记载，雏菊的汁液加到牛奶里可以阻止小狗长大。在莎翁剧中更是随处可见对于植物的想象：朱丽叶服下颠茄，假装死去，在墓穴中听到凄厉恐怖的曼德拉草的叫声。传说这种草在被拔出时会发出尖叫，后来更是成了《哈利·波特》中神奇植物曼德拉草的原型。

莎翁的植物也不总是香草美人。《温莎的风流娘儿们》里，南瓜、马铃薯齐登场，担当隐喻；《罗密欧与朱丽叶》中，仆人们用水果的谐音笑罗密欧的"前女友"，用语之粗俗令剧本的审查官都忍不住动笔修饰。

都铎王朝时期的等级划分仍然十分严格，但剧院向社会所有阶层开放，三教九流，鱼龙混杂。与现在的剧院结构不同，当时的天井式剧院更类似于罗马角斗场，贵族们端坐在二楼看戏，而挤在一楼露天剧场的是穷人。因为过于拥挤，进出困难，很多人看戏入迷时甚至随地小便，剧院里的气味十分酸爽。《莎士比亚植物志》中也提到过，1987年，在发掘玫瑰剧院废墟时，坑洞里发现了大量的榛子壳，那是观看莎士比亚戏剧时最受欢迎的零食。

这就不难理解，从市民剧院中崛起的莎翁戏剧充满人的气息，刺破中世纪的黑暗，拥有像原野上的植物一样蓬勃的生命力。

《莎士比亚植物志》的作者可能都没有意识到，莎翁对植物的这种热情也许源于英国人的基因（作者本人在伦敦培育了一座自己的花园）。如果说中国家庭的日常是拼娃，那么值得英国人 battle（较量）一番的战场必然是家门口的小花园。

这种侍弄花草的爱好可以一直追溯到莎士比亚生活的都铎王朝时期。当时，种植果树被认为是适合绅士的活动，在关于农业的小册子里甚至将果实累累的果园与治家有方的兴盛家族联系在一起。从《莎士比亚植物志》的记录中可以知道，从19世纪起，"莎士比亚同款花园"也逐渐兴起，中产阶级们热衷于在起居室窗下的花床上栽种古典风格的花卉品种，最后献给莎翁剧中的奥菲利娅或是潘狄塔。

相比这些带有浪漫想象的"买家秀"，专业园艺家们复建的都铎王朝时期的花园显然更贴合历史。就像《莎士比亚植物志》中所说，莎士比亚的母亲和妻子以及温莎的风流妇人们，侍弄的就是这样的园子。园子里能出产家计所需的一切：果实和蔬菜供给厨房，有些草木可以用于染色、酿酒，香草入药，鲜花装饰房屋。莎士比亚的植物学记录不仅是文学遗产，更让我们一窥伊丽莎白和詹姆斯一世时期英国的社会生活。

不过，莎翁的园子若想在中国入乡随俗，可以多多考虑厨房的供给问题。时隔千年，远在东方的老饕吃货，或许能从书中读出更多的东西。

在凯普莱特府邸为朱丽叶和帕里斯的婚事筹备的宴席上，有一种用枣子和榲桲做的馅饼。榲桲这种水果在中国不常见，在当时的欧洲也是稀罕物，有资格登上贵族的婚宴做一道大菜。老北京的传统吃食里也有一样"榲桲儿"，老舍和梁实秋的笔下就描写过"榲桲儿拌梨丝""榲桲儿菜心"。其实这是误传，老北京吃的榲桲儿并不是欧洲那种形状像梨的"金果"，而是经过熬制的红果（山楂）。盖因榲桲实不易得见，而在满语中，这种软糯开胃的小吃叫做"wenboer"，是酸酸甜甜之意。于是以讹传讹，此榲桲就成了彼"榲桲儿"。

在《仲夏夜之梦》中，精灵迫克提到焙熟的沙果。16 世纪时，英国人将沙果放在炭火上烤，或是捣碎了泡入酒中作为热饮，常在冬至夜做祝酒用。如今在中国，内蒙古和东北等地仍然盛产沙果，晒成的沙果干酸甜可口，是值得一试的"莎翁同款"。

· 摘自《读者》（校园版）2019 年第 18 期 ·

会上天的姑娘真酷

提 图

　　我们习惯了在飞机客舱里看到空姐的身影。然而，飞机机身最前方的神秘的驾驶室，几乎是男性的天下。根据国际女飞行员社的调查，世界各国女飞行员所占的平均比例仅为3%。中国也不例外，能够实现驾驶飞机"上天"的女性极为稀少。成为女飞行员，是一种怎样的体验呢？

汪帆：在北航学开飞机

　　汪帆第一次坐进飞机的驾驶室，是在美国佛罗里达州的飞行员培训基地，当时她19岁。2016年，她与其他19名女生被北京航空航天大学（简称"北航"）录取，成为北航建校以来录取的第一批女飞行学员。

　　汪帆出生于北京，她从小就喜欢"在天上"的感觉，完全不惧怕高空，跳伞是她的一个爱好。初中毕业之后，汪帆进入北京市一所重点高中。她的成绩很好，本来打算和其他同学一样参加普通高考，直到父亲告诉她中国国际航空公司在北航招女飞行学员的消息。于是汪帆下定决心报考飞行学员。体检、面试、高考，汪帆都一一过关，顺利地考上北航，成为一名与国航签约的预备飞行员。

成为一名飞行员，需要先在大学里花一年半时间学习理论知识，随后的两年去北航与美国合作的飞行员培训基地，进行飞行实操训练。

第一次走进飞机驾驶室，汪帆感到的更多是兴奋。经过一年半的理论学习，上过无数次操练课，坐过模拟机，一切都很熟悉了。起飞、左转弯、右转弯，做一些简单的动作，再降落。飞机驾驶室的窗户拥有极其宽阔的视野，平时淡定的汪帆，下了飞机不禁感慨："当坐在那个位置时，看到的风景比乘客看到的美一万倍。"

一个人的高空飞行，是自由的，也是寂寞的。在成为飞行员之前必须经历"solo"——独自驾驶一架小型教练机，短则一两个小时，长则6个小时。"6个小时，飞机上只有你一个人，跟你对话的也只有塔台管制，整个过程人会感到非常孤独。"汪帆最大程度的娱乐方式，就是听听轻音乐。飞行是一件非常需要专注力的事，就连有歌词的音乐都不能听，怕分心。大部分的时间，她都是与飞机、天空相伴的。

对她来说，与天空相处是一件很特别的事。大多数人都只能在地面仰望彩虹，但汪帆曾开着飞机穿越彩虹。对于在天空中不期而遇的风景，她常常感到一种慰藉："我们的考试比较多，也比较复杂，有时候会遇到一些困难和低谷，不过天空中出现的彩虹或其他好风景，对我来说是很大的鼓励。"

女飞行员在中国是"稀有动物"，在高校也不例外。在北航学习时，这个专业一共有400多名学生，其中只有20名是女生。但汪帆并不觉得性别对于飞行有任何影响，她在班里的成绩稳居第一。生于 1998 年的汪帆长着一张娃娃脸，谈吐中却透露出内心强大而冷静的成熟。

很多人以为开飞机是技术活儿。但事实上，它也是体力活儿——机身的重量决定了飞行员在操纵飞机时拉杆、盘舵时需要使用的力度。汪帆一度在飞机增加重量后，明显感到吃力。为了解决这个问题，她开始一周去三次健身房，不是为了拥有更好的身材，而是为了能够更轻松地操纵飞机。

当然，她也遇到过挑战。飞行最怕坏天气。在美国学习期间，练习"飞双发"（带有两个发动机的飞机，有更大的动力和续航能力）的时候，飞机会变得更重。那天汪帆要从佛罗里达州的中部飞到最南端，去程一切都很顺利，然而在返程时天气突变，倾盆大雨瞬间袭来。

"当时的天气状况已经达不到飞机的目视标准了，只能靠仪表获取方向。"情况紧急，飞机没有足够的燃油，无法进行太长时间的盘旋。汪帆和塔台取得联系，选了几个备降机场，迅速迫降。"那一刻我终于明白了为什么飞行员要积累那么多飞行小时数，要学那么多东西，因为真正到了紧急关头，你会发现所学的东西真的有用。"

汪帆说，飞行员和飞行爱好者的一大区别是是否具有强烈的责任感和使命感。飞行爱好者可以享受美景、享受天气、享受飞行的感觉，但身为民航飞行员就得担起沉甸甸的责任。

润泽：瞒着父母去学开飞机的女孩

润泽不是职业飞行员，但可以轻易看出这个女孩对飞行的爱——她的微信头像是自己开飞机的照片，微信朋友圈封面是在云端飞翔的机翼。

润泽刚开始学开飞机时，像是在进行秘密行动。那时她在美国读大三，怕父母担心她"开飞机危险",自己偷偷在课余时间打工,挣了 1 万美元。就这样,她没有告诉任何人,一个人去附近的航校报了名。"我从小就非常向往能飞到很多地方,感觉很爽。"

即使是自费学习飞行,也并非交了钱就能学会。事实上,在美国拿到飞机驾驶执照的人也只有报名人数的 20%。"很多人都半途而废了。因为驾驶时间要达到 40 小时才有可能拿到驾照。"但润泽花了不到两年的时间就拿到了飞机驾照。

她喜欢关于飞机的一切。"把飞机一直加速到某个速度,再往上拉,接着往上拉,飞机就这样飞起来了,非常爽。""最喜欢飞到云层里的时刻,飞机在经过云层的时候,看不清周边,必须依靠仪表盘。这时,感觉自己忽然在一片若隐若现的白色世界里穿梭。"

不过这种欣赏风景的闲适心情,是在飞行练习达到 60 多个小时、拿到驾照之后才有的。润泽还记得第一次独自飞行时那种激动和紧张交织的感觉。"那天我准备得不是很好,天气也不太好,飞行时紧张得出了一身汗,飞机降落到地面的时候衣服都湿了。"

润泽对化妆品和漂亮衣服不太感兴趣,她更愿意把钱花在飞行、旅行、游戏和科技产品上。自从学会开飞机,有了更多的自由,她常常在放假时开飞机到无人的海边,来一场说走就走的旅行。润泽在学飞机时遇见了一位"飞友",不久后他们变成了情侣。2018 年年初,两个人一起开小飞机从东海岸飞到加州,几乎横跨美国。一路走走停停,累了就降落在某个没有去过的城市住一晚。"想走就走,再也不用考虑订机票的事。"

享受天气,享受自然最原始的馈赠。那位曾经瞒着父母偷偷去学开飞机的女孩,终于如愿以偿地穿梭在白色的云层之中。

保护动物，"90后燃青年"的野外人生

星 辰

在荒野中"放养"长大

1994年出生的初雯雯在很小的时候就认定，动物与人类一样，是自然的孩子，世界上所有的野生动物都是她的家人，并产生了保护它们的使命感。

1990年8月，初雯雯的父亲初红军来到新疆布尔根野生动物保护区，从事野生动物保护工作。初红军常将一些受了伤的小动物带回家救治，它们在家里满地跑，初雯雯就跟在它们后面跑。

7岁的一天，父亲送给她一台数码相机，并神秘地叮嘱她赶紧学会使用，一个月后大有用处。初雯雯的好奇心被激发了，她拿着相机拍白云、

戈壁、草地、河流……一个月后，父亲替她请假，带她去看普氏野马野放。

野放的时刻到了，马群在经历了短暂的紧张和不安后，似乎明白了自己的命运，依次跨过围栏，接着向远处飞奔，初雯雯心爱的一匹小马小古丽也紧跟在妈妈的身后跑远了。看着心爱的朋友奔向茫茫的荒原，彻底消失在视线中，初雯雯忍不住哭了起来。她回头一看，父亲的眼睛也泪汪汪的，脸上却一直挂着笑容。

稍大些，初雯雯在父亲的教导下学会了填写野外监测数据。为了培养初雯雯野外独立生存的能力，父亲给她准备了一个大大的双肩包，里面装着水、口粮、GPS（全球定位系统）定位仪、风速仪、摄像机、照相机和镜头等。慢慢地，初雯雯习惯了野外工作的节奏，也练就了挽起裤腿敢下冰河水、爬起山来手脚并用决不落后的个性。

为保护动物朋友，甘心做"残联主席"

每年的节假日，初雯雯除了跟着父亲一起进行野生动物调研，还经常跟着父亲参与野生动物救助。高中时，初雯雯主导了乌伦古河流域蒙新河狸调查的项目，获得全国青少年科技创新大赛二等奖，也因此获得中国农业大学的保送资格，主修英语和传媒。在北京林业大学读硕士研究生时，她转到了野生动物保护与利用专业。

2009年冬至2010年初春，新疆阿勒泰遭遇了一场特大雪灾。初雯雯跟着父亲去戈壁滩上撒牧草，给饥饿的黄羊提供食物。车行处，只见路边有许多缩成一小团死去的黄羊。看到幸存下来的黄羊为了挖到地上的野草，拼命刨开锋利的冰层，以致蹄腕都被割烂时，初雯雯痛哭流涕，结果泪水迅速结冰，糊了一脸，没两天，她的脸全冻烂了。

卡车缓慢行驶，初雯雯和父亲站在堆满草料的车顶一路将草料拨拉下去。"动物们最好养，只要有一口草、一口水就能活下去。"父亲的话语里透出温柔的悲悯。落在雪地上的黄绿色草料格外亮眼，它们向远方蜿蜒，渐渐形成一条绿色的生命通道。

在野外待久了，野生动物变成了初雯雯心中远距离的家人，多年来，自己收治过多少伤残野生动物，初雯雯已记不清了。收治的形形色色的伤残动物多了，朋友们调侃她是"残联主席"，称她的家是"残疾动物保护联合会"。

初雯雯认为，只有调动大众的热情，让公众看到野生动物的美好，认识到野生动物的重要性，野生动物才真的有未来。她决定用镜头记录并展示野生动物不为人知的一面，从而让人们了解并喜欢上它们。2017年9月，初雯雯和搭档成立了以拍摄野生动物纪录片为主的"瞳之初自然影像工作室"。

为拍摄科克森山的盘羊，初雯雯和团队成员每天步行16小时，翻过数座海拔落差上千米的高山，背着行囊和相机在乱石险峰间小心前行。有时他们会在阳光过于强烈而不宜拍摄的下午，像盘羊那样在山顶小憩。为了抓住最佳的日落光线，他们要工作到晚上11点左右才能收工，然后借着月光寻找盘羊行走的"捷径"摸索下山，走到车前常常已是第二天凌晨三四点，休息几小时后，早上八九点再次出发。

尽管前路坎坷，但初雯雯从未退缩过，她常常自我打趣："若一去不回，便一去不回！"

做野生动物的守护神

2018年年底，初雯雯成立了"瞳之初自然保护协会"，以公益的形式进行自然教育和濒危物种保护。

乌伦古河流域曾经有很多地方适合蒙新河狸生存，由于河狸和牧民们的牲畜对灌木柳日积月累的消耗，乌伦古河逐渐退化，两岸许多地方都"秃"了，一棵灌木柳也没有。有一次，初雯雯看到两只因为出洞觅食而卡在冰层中死去的河狸，悲伤不已。

如何让牧民不去破坏河狸的居住地，如何让河狸有吃的呢？初雯雯策划并发起了"蒙新河狸守护者"项目，拿到了阿拉善 SEE 基金会的资助，她希望联合社会各界的力量，让更多的人关注河狸、保护河狸。该项目允许162名内地爱心人士通过每人捐500元钱的方式认领162个河狸家族，他们把自己捐的钱换成草，送给那些距离蒙新河狸家族最近的牧民，引导牧民主动守护蒙新河狸。

初雯雯还发起了"河狸食堂"项目，以发放补助的形式带动当地牧民为河狸种树，为河狸建立更多、更美好的家园。

渐渐地，牧民们保护河狸的积极性被调动起来，退伍军人塔里哈提每天都会砍树枝喂养困在自家灌溉渠里的河狸一家，并想办法帮它们度过寒冷的冬天，他觉得保护野生动物是一种荣誉。当地人也把初雯雯这个人美心善的女孩称为"河狸公主"。

初雯雯常到学校去宣讲野生动物与人类的关系，分享她与它们的故事；"瞳之初"还与一些机构合作，为孩子和家长们组织阿勒泰科考夏令营，让他们吃住在牧民家里，带他们看野生动物的生存环境，同时也让牧民感受到野生动物给他们带来的好处。2019年3月，初雯雯和王昱珩合作出版了《初瞳：我和我的野生动物朋友》，她到很多大城市宣传售书，并将所得收益返给"河狸食堂"。

2019年9月，到了河狸筑坝的时候，初雯雯带着团队开通了中国第一家野生动物直播频道——蒙新河狸野外直播频道，向全网直播河狸筑坝、囤粮食的过程，中央电视台《燃青年》节目组也派出工作人员对河狸直播一路跟拍。看到河狸用嘴不停地啃着碗口粗的树干，看到老河狸带着小河狸出来闲逛时一家温馨美好的样子，大家内心倍感温暖。许多网友向初雯雯表达了敬意和对动物的爱心，那一刻，初雯雯觉得所有的辛苦都是值得的。

·摘自《读者》（校园版）2020 年第 18 期·

男人爱独处，女人爱购物

高 星

旧石器时代的人类是靠打制的石器进行狩猎采集的，他们居无定所，人口稀少。狩猎采集是旧石器时代先民的生计模式。这种生计模式养育了过去的人类，也塑造了今天的我们。

过去跟现在有关系吗？有。我举一个例子：狩猎主要是由男人承担的，它往往采取远距离奔跑、跟踪猎物的方式，需要狩猎者具有高度的专注力，不能左顾右盼，不能受周围环境的影响，否则猎物就会跑掉。

狩猎往往是个体或小规模群体的行为，因此狩猎者通常比较孤独，没有多少跟别人交流的机会，还需要配备各种工具来应对不时之需。因为可能狩猎者原本只想打一只鹿，结果蹿出来一只老虎，狩猎者就必须想方设法保住自己的性命。所以，狩猎具有高度的风险和不确定性。

在那个时期，女性是采集者。

采集对食物的获取、营养的补给和养育后代等都非常重要。不过，采集往往在房前屋后进行，人们不需要走很远的路程，也不需要辨别方向。而且，可采集资源比较丰富，大家通常结伴而行，时间比较宽裕，有很大的随意性和娱乐性。另外，采集不需要依靠过于复杂的工具就能够完成。

旧石器时代狩猎和采集的特点其实一直延续到了今天的生产、生活中。比如，现在多数男人讨厌逛街、逛商场，这是为什么呢？

因为对于男人来说，商场里的商品就像猎物，他们要高度专注地去选择中意的物品，但商场里吵吵闹闹的，他们受不了。

同理，现代女性身上也有旧石器时代女性采集者留下的性格烙印，比如，女性迷恋采摘，喜欢结伴外出，她们喜欢打闹嬉戏，常常高声欢笑，她们喜欢购物，购物时比较挑剔，而且常常只看不买。

现在很多男人还是"工具控"，为什么？因为以前狩猎的时候需要很多工具以备不时之需，所以现在的男人依然热衷于收集工具，有时候还会炫耀，虽然那些工具他们可能一年也用不了一次。

女性往往用不了太多工具，她们的牙齿、指甲就是天生就有的工具。有理论认为，狩猎是一个暴力而血腥的过程，长此以往，男人的暴力倾向可能会大于女性的暴力倾向。有人说，如果让女性做领导者，或许世界会更加安定团结。

·摘自《读者》（校园版）2020 年第 18 期·

王小云：让中国密码学走在世界前列

王 丽

2019 年 9 月 7 日，第四届"未来科学大奖"揭晓，密码学家王小云获得"数学与计算机科学奖"，成为该奖项开设 4 年以来的首位女性得主。10 多年来，王小云破解了 5 个国际通用 Hash 函数算法，在相关领域引起巨大轰动。能够取得如此大的成功，王小云也有自己的成功密码，正如她所说："一个人能够坚持 10 年做一件事，一定能做成。"

结缘密码学

1966 年，王小云出生在山东诸城一个农村家庭。父亲是一名数学教师，他非常注重培养孩子们对数学与化学的兴趣，像"鸡兔同笼"这样稍微复杂的数学题目，他都会鼓励孩子们尝试解答。受父亲的影响，王小云从小便对"数理化"产生了浓厚的兴趣。

考入山东大学数学系后，王小云身上潜藏的"解密天赋"日渐显露。一次，老师给了大家一个关于印度数学家拉马努金未经证明的数学公式题。一个成绩优异的同学整整用了一个月才做出来，而且证明方法非常复杂。王小云却只花了一周时间，就用最简单的方法证明了这个公式。

老师非常欣赏王小云，将她推荐给著名数学家潘承洞院士。王小云说，在山东大学，潘承洞招收的学生都是数学系最优秀的。

1987年，王小云考取了山东大学研究生，专攻解析数论方向。一年多后，在潘承洞院士的建议下，她将研究方向从"解析数论"转向了新兴的"密码学"。深厚的数学功底为王小云进行密码学研究奠定了扎实的基础。

时至今日，王小云仍为自己当初的选择而自豪，祖国的需要就是她做科研的重要动力。在《开讲啦》节目中，王小云说自己的梦想是永远不忘初心，做好整个国家的密码保障工作，把我们的密码防御体系布局在国家的重要领域。

破译全球最安全的密码

对王小云来说，一个全新的研究方向，意味着一切都要从零开始，其难度不言而喻。好在她有强大的数学知识体系做支撑。经过多年的潜心钻研，她先后破解了 HAVAL-128 和 RIPEMD 等算法。接着，她和密码学专家安东尼·茹几乎同时独立破解了 SHA-0。而这三种密码，都是当时国际上非常领先的加密算法。

但科研永无止境，王小云还有更远大的雄心壮志，她要破译国际公认最先进、最安全的密码。

那时，世界上应用最广泛的两大密码是 MD5 和 SHA-1，这是由美国标准技术局颁布的算法。尤其是 MD5，被广泛应用于全球计算机网络，运算量巨大，即使采用现在最快的巨型计算机，短期内也无法破解。

王小云的第一个大目标，就是破解 MD5。可这是极难的挑战，在她之前已经有不少顶尖密码学家尝试破译 MD5，有的甚至已经摸索了十几年之久，始终没有突破性的成果。因此，MD5 也被称为"密码学家最无望攻克的堡垒"。但王小云不相信 MD5 真的那么牢不可破。

2004 年，在美国加州圣芭芭拉召开的国际密码大会上，全球密码学界因一位中国女性而轰动，因为她破解了全球最安全的密码——MD5！她就是王小云。

当王小云站在台上，宣布成功破解 MD5，并拿出诸多有力证据的时候，会场突然陷入一片寂静，接着全场嘉宾都站了起来，随之而来的是排山倒海般的掌声。世界顶尖密码学家伊夫·德斯梅特参会前胳膊意外骨折，但他竟然兴奋到用另一只手使劲击打大腿表示鼓掌。

随后，王小云在和其他国际专家讨论到 SHA-1 时，研究 Hash 函数的著名专家多伯丁骄傲地说，这个密码他能破解 57 步，其他人只能到 40 步。王小云心想，那也未必，便随口说了一句"我回去试试"。

他们做梦也想不到，在宣布破解 MD5 不到半年，王小云将美国人认为天衣无缝的密码 SHA-1 也破解了，且只用了两个多月！在 2005 年的世界 RSA（公钥加密算法）大会上，王小云抛出了这个让人意想不到的成果，再次引发巨大轰动。

为此，国际专家评价："王小云教授的出现，让全世界的密码学专家不得不跟着中国跑！"

做好中国的密码保障工作

王小云的厉害之处在于，她破解密码有着与众不同的方法。在大家都借助电脑破密时，她始终坚持手算，包括那两个国际最安全的密码，也是她用大量的手算攻破的。

针对 MD5 和 SHA-1 的破解，王小云表示："在公众看来，密码分析者很像黑客，其实二者有着明显的区别。黑客破解密码是恶意的，希望盗取密码获得利益。而我们的工作，是为了寻找更安全的密码算法。中国人追寻先进技术从来不是为攻击别人，而是为了保护自己。"

之后，美国方面专门召开研讨会议，向全球密码学家征集新的 Hash 函数标准的竞争策略，邀请函也送到王小云手中。但她毅然放弃了这个在国际科研领域更进一步的机会，因为在她心中，自己不仅是一名密码学家，更是一名中国的密码学家，祖国才是第一位的。

2005 年，王小云主持设计了中国首个 Hash 函数算法标准 SM3，经过国内外顶尖密码专家评估，它的安全性极高。该算法在中国金融、交通、电力、社保、教育等重要领域得到广泛应用，并于 2018 年 10 月正式成为 ISO/IEC 国际标准。最令王小云高兴的是，国家网络安全体系在行业标准化道路上不断前进。SM3 发布之后，30 多项密码相关领域的行业标准相继出炉，国家对网络安全问题的认识越来越清晰深刻。

凭借在密码学上的突出成就，2017 年，王小云当选为中科院院士。

带着孩子搞科研

令人钦佩的是，王小云不光是一个了不起的密码学家，更是一位称职的"宝妈"。她有许多重大的科研成就，都是在带孩子的同时完成的。

在繁忙的科研工作之余，王小云对生活质量要求很高，而且从来不打折扣：她每天要拖两三次地，像所有的妈妈一样将家里收拾得井井有条；家中阳台上一年四季都有鲜花；在照顾刚出生的女儿时，也不忘抽空给自己来一杯现磨咖啡。

自从有了可爱的女儿，王小云每天晚上忙完家务，还要哄女儿睡觉。哄睡女儿之后，她就会坐在桌前，开始演算各种密码的破解方法，经常工作到深夜。

记得有一次，王小云的攻关时间长达 3 个月，而那段时间恰好她爱人在美国做博士后。"那段日子，经常是在深夜的时候精神正足，考虑到第二天女儿还要上学，不得不怀着遗憾的心情去休息。第二天送女儿到幼儿园后，赶紧回家继续寻找新的攻关路线……"就这样，在抱孩子、做家务的间隙，各种密码可能的破解路径就在王小云的脑中盘旋，一有想法她就会立即记到电脑里。

在破解一系列国际密码算法的十几年中，王小云慢慢带大了女儿，还养了满阳台的花。

如今，王小云仍工作在第一线。每天到办公室跟学生讨论问题，已成为她的一个习惯。对王小云而言，密码研究是兴趣与社会责任的完美结合，也是她生活的重要组成部分。王小云说："数学和密码的交叉研究，是我这些年来一直想推动的，我也支持很多人，包括我的学生继续做这方面的工作。"

目前，王小云的主要研究领域是 Hash 函数，Hash 函数是区块链中最为核心的密码技术。正如王小云所说："没有 Hash 函数的概念，就不可能有区块链的概念。全球计算机网络、计算机系统电子签名，还有众多的密码系统都使用 Hash 函数，没有 Hash 函数，这些算法和系统就会产生安全问题，出现安全漏洞。"

"一个人的研究时间太有限，也就几十年。培养出更多优秀的学生，才可以使这项研究不断延续下去，使中国密码研究更长久地走在世界前列。"王小云说，她余生的梦想是带领学生构筑好密码防御体系，使我们的国家更安全，人民的幸福生活得到保障。

·摘自《读者》（校园版）2020 年第 18 期·

我在南极的苦与乐

李　航

一

　　随着度夏队队员的离开，之前的繁忙和热闹不再，偌大的中山站区忽然变得冷清起来。茶余饭后，一个词被提起的频率越来越高，这便是"越冬综合征"。我们曾听老队员提起，甚至还被忠告"别惹越冬队队员"。在南极越冬的考察队队员，因为在与世隔绝的极端环境下长期工作和生活，生理和心理上都容易出现不同程度的病理症状。尤其是在每年5月下旬到7月中旬，南极正值极夜，除了孤独和寂寞，考察队队员们还要经受长时间黑暗的考验，容易出现嗜睡、抑郁、焦虑等症状，神经、内分泌和免疫功能也会出现紊乱，这在医学上已经得到了证实。听他们讲得越多，我心里就越发慌。

强烈的下降风从冰盖上刮来，将巨大的冰山和零碎的浮冰吹进熊猫码头和内拉峡湾，海面开始重新凝结。企鹅不再频繁地出现在站区周边，就连贼鸥也渐渐不见了踪影。身边的一切都在暗示着我们——凛冬将至。我们仿佛严阵以待的士兵，开始"深挖洞，广积粮"，提前做好应对极夜的准备。综合楼二楼的办公区里进行着各种仪器的调试，发电栋里的三台发电机组和水暖系统都被细致地检修，机械师则在车库里忙着保养站区大大小小的十几辆车，大家在管理员的带领下对仓库里整个越冬期的食品和物资进行整理。

极夜可不仅仅是见不着阳光那么简单，随之而来的还有低温和狂风，极端严峻的气候条件彻底切断了外界支援的可能性。可以说，此时的南极大陆几乎从地球上被完全隔绝，任何因工作疏忽而造成的影响，到这时都会被成倍地放大。举个例子，中山站的户外供水管道曾经因为辅助的供热系统故障而结冰，导致整个站区的供水、排水中断。考察队员只能打着电灯钻进冰冷的管道底部，在风雪和黑暗中接力将管道内结的冰凿碎并取出。这是与时间的赛跑，任何一个环节出了纰漏，对越冬队队员来说都将是一场严峻的生存考验。

二

春节前偶遇的暗淡极光，在我心里埋下了一颗种子，它破土而出，迅速地发芽生长，让我心里直痒痒。太阳落山的时间每天都在提前，随着黑夜时间渐渐拉长，我清楚地意识到，极光就要在夜空中大展风姿了。

和第一次见到极光时的场景不同，此时的极光已经不再是"犹抱琵琶半遮面"的娇羞姿态，而开始以各种形状和色彩在夜空中展露身姿，大大方方地跳起了舞。绿色、红色、紫色的极光在眼前闪耀着光芒，并随着时间的流逝在夜空中慢慢变幻形状，犹如一幅巨大的水彩画卷在眼前徐徐展开。极光舞动间，藏在我心里的大树早已繁育成了浩瀚的森林，根深叶茂，耸入云天。我激动得热泪盈眶，呆呆地躺在雪地上，将对讲机拿到嘴边，试图向大家形容此情此景，却只能大喊："极光爆发！极光爆发！快出来看极光！"

接下来的几天，夜里的中山站周边到处闪烁着手电筒的光芒，呼啸的风声中，夹杂着从对讲机里爆发出的阵阵惊叹。面对神奇壮观的极光，大家兴致高涨，三五成群地在雪地里、山坡上，或在观测栋的楼顶观赏和拍摄，在寒风中一待就是几个小时。极光在夜空中恣意舞动，我们在地上冻得直哆嗦。返回站区摘下面罩，每个人的脸都被冻得通红，却仍然沉浸在高涨的热情中。

从新闻上得知，一场罕见的月全食景观将在全球很多区域上演，而拉斯曼丘陵地区正处于这次月全食的可见范围内，这让我异常兴奋。当天，我早早来到拍摄地点，将相机固定在三脚架上，准备拍摄月全食。

不久，一轮残月从冰山上升起，就跟平时见着的月牙儿一样，并没有什么特殊的地方，然而仔细观察便会发现，在缓慢爬升的过程中，它的体形在逐渐变大！准确地说，那并不是变大，而是月亮开始从地球的影子里挣脱，在逐渐恢复自己原来的形状。在固定拍摄的近两个小时里，月亮从相机取景框里的右下角开始，沿着对角线一直爬升，并逐渐复原，直到最后超出取景框的范围。我扛着相机跑回办公室的时候，已经冻得说不出话，但还是激动地将刚才拍到的月食过程，通过简单的叠加处理呈现在了一张照片上，并迫不及待地发到自己的微信朋友圈和微博上。

熬夜拍摄极光的我一觉睡到了正午，拉开窗帘却并没有发现什么异样。和前些天一样，外面光线很暗，只有地平线附近有些暗淡的光，那是太阳在地平线下投射过来的余晖。今天是正式进入极夜的日子，可这时我才发现，这一个多月以来，自己就像泡在温水里的青蛙，已经渐渐熟悉了夜长昼短的环境，而所谓"正式进入极夜"，也并没有什么泾渭分明的变化。就这样，极夜降临了。

三

在和我们的邻居——进步站和巴拉提站的工作人员的相处中，虽然国籍和信仰不同，可大家还是逐渐建立起了深厚的友谊。进步站曾在他们的站区搭建了一个简易的迷你足球场，还邀请我们参加足球赛。我们也组织了篮球赛和乒乓球赛，邀请进步站和巴拉提站的工作人员参加。遇上特殊的日子，比如4月12日——俄罗斯为了纪念人类历史上第一位进入太空的宇航员所设立的"加加林日"，5月9日——俄罗斯的卫国战争胜利日，我们都会收到热情的邀请，前往进步站聚餐，温暖的节日氛围让我们暂时忘记了窗外的寒冷。

仔细想想，不同国家的南极科考站之间相处得其乐融融，其实是各种客观条件作用下的结果。首先，各国选派到考察站的科考队员受教育程度相对较高，大家都有着放下偏见、与人和睦相处的基本觉悟；其次，南极孤立无援的艰苦环境，让大家都明白抱团取暖、互相帮助的重要性；在荒无人烟的南极，大家可以说是同生死、共患难的兄弟，站与站之间都没有围墙和栅栏，甚至连大门都不会锁，"在南极，推门进来的都是客"。

·摘自《读者》（校园版）2020年第18期·

乾隆可能是一个被耽误的动物学家

蒋肖斌

在乾隆十五年（1750 年）至乾隆二十六年（1761 年）间，乾隆皇帝亲自召集了两位重量级的宫廷画家余省和张为邦，交代给他们一项重要的任务——画动物。与此同时，傅恒、刘统勋、兆惠等"八大臣"，也被分配了任务——给每一幅画配文字解说，并抄录典籍中的相关记述。

于是，我们得以看到这两部中国古代历代宫廷及民间绘画前所未有的画册——《鸟谱》和《兽谱》。

《鸟谱》为临摹，原作者是康熙朝进士、官至大学士的蒋廷锡。他工诗善画，尤其擅长画花鸟，还在与宫内西方传教士的接触中，掌握了一定的西洋画技法。余省、张为邦遵从蒋氏画风，历时 11 年，终于完成全套图册的绘制。

《鸟谱》完成后，乾隆并没有把它和蒋廷锡的原作一起放在御书房收藏，而是放在了紫禁城内一处重要的居所——重华宫（这是他做皇子时的寝宫，登基后用来收藏重要的书画——作者注），以方便他在休息时随时翻看。也就是说，《鸟谱》是乾隆的枕边书。

众所周知，乾隆的另一大爱好是盖章，《鸟谱》自然没能逃过。每册开篇第一幅画，都钤有"重华宫鉴藏宝"之印，每册最初和最末还钤有"五福五代堂宝""八徵耄念之宝""太上皇帝之宝"之玺，足见他对这套书的喜爱。

虽然广有四海，但乾隆并不能事事亲见，他和普通人一样渴望了解大千世界中的奇珍异兽。在没有摄像机的年代，要满足好奇心那么强的皇帝的需求，画师们也是很努力的。在乾隆在位时期（1736年——1795年），宫廷画院非常重视以风土人情、历史事件、苑囿风光、飞禽走兽、花卉草虫为题材创作绘画作品。

《兽谱》的绘制起止时间和《鸟谱》的一样，由余省和张为邦按照《鸟谱》的体例和样式编辑，按照《古今图书集成·禽虫典》中百兽的形象绘制。实施这项工程的官方理由是以"百兽呈祥"来彰显国家富强、抚有四海、万国来朝的景象。但我相信，其实就是为了满足乾隆的好奇心。

《兽谱》中有神兽、普通兽、异国兽。神兽虽然仅见于传说，但在书中所占比例较大。比如麒麟，在《礼记·礼运第九》《汉魏六朝笔记小说大观·拾遗记》《春秋公羊传·哀公十四年》等古籍中均有记载。在中国古代神话传说中，麒麟往往与龙、凤、龟组团出道，团名"四灵"，麒麟为首。如果去故宫参观，可以去慈宁宫看看，门口就守着一对鎏金麒麟，昂首挺胸，怒目圆睁，端的是皇家威严。

说到神兽，另一部动物图谱的来历就更传奇了。《海错图》，由康熙年间来自民间的博物学高手聂璜，历经几十年，遍访各地江海湖泊，考察绘制而成。"错"，是种类繁多的意思，早在汉代以前，人们就用"海错"来指代各种海洋生物，后来渐渐成为海洋生物、海产品的总称。

这部画册一度消失于民间，后在雍正朝时由大太监苏培盛带入宫中，收入清宫造办处。乾隆继位后，非常看重这部画册，曾连下数道圣旨要求把这部画册送给他看，还让人把这部画册重新修补、装裱，并放在重华宫内，常常翻看。海和尚、潜牛、井鱼、蛟、鹿鱼化鹿……这些只闻其名甚至闻所未闻的动物，存在于《海错图》中，也存在于乾隆的脑海里。

至此，乾隆集齐了《鸟谱》《兽谱》《海错图》三大清宫版"神奇动物在哪里"，大大满足了其无处安放的好奇心，一个被皇位耽误的动物学家终于找到了理想安放之所。几百年过去了，那些让乾隆手不释卷的很多神奇动物，人们已经找到了原型，或者证实了其谬误。

·摘自《读者》（校园版）2020 年第 18 期·

潜水员在海底的生活

齐 鲁

呼吸：气体随深度而变化

常人呼吸的空气是由氮气和氧气组成的混合体，呼吸过程是几乎没有感觉的轻松行为。饱和潜水员的呼吸则异于常人。300 米饱和潜水带队负责人胡建说，他们呼吸的气体是由氦气和氧气组成的混合体，氦气多，氧气少，混合的比例因海深不同而不同。潜水员在生活舱和海底呼吸的都是这种气体，呼吸过程倒不困难，但是声音变得像鸭子叫一样。

压力：抬一下手都很费力

常人承受的压力是 1 个大气压。在 300 米深的海里，潜水员要承受的压力是 31 个大气压，比常人多 30 倍。胡建说："在这种压力下，人感觉像被挤压住了一样，骨头与骨头贴得很紧，抬一下手、动动脚，都很费力。"

吃饭：馒头也要使劲嚼

潜水员吃饭也与常人不一样。有一名专门的厨师为他们做饭，饭菜通过生活舱上一个圆柱一样的洞送进来。潜水员不能吃硬的食物，会损伤牙齿；不能吃黄豆等让人容易放屁的食物；不能吃萝卜、韭菜等味道重的食物，以免污染狭小的环境；米饭、馒头被挤压粘在牙上，很难受，需要使劲咀嚼，才能吃下去；味觉变得迟钝，饭菜吃不出咸味来；要多吃牛排、鸡鸭鱼肉等高热量食物。

睡觉：为了安全不关灯

6 个人挤在长 11 米、宽 3.8 米、高 3.5 米的生活舱里。舱里有 6 个上下设置的床铺，中间的过道不到 50 厘米宽，床宽 90 厘米。没有白天黑夜的区别，睡觉不能关灯，便于地面上的监控室随时监控潜水员的生命安全。由于容易疲劳，他们一天要睡 12 个小时以上。除了睡觉、下海作业，剩余的时间只能看看书。

如厕：想上厕所要报告

潜水员如厕、洗澡都在生活舱里，如厕、洗澡前要向地面监控人员报告；如厕完成后，也要报告。地面监控人员发出指令，潜水员才可放水冲马桶，并关上放水阀门。然后，地面人员再打开另一个阀门，把污物排出到一个圆筒内。这样做的目的是，保证生活舱绝对不出现漏气现象。

洗澡也是如此。生活舱里的阀门和生活舱外的阀门，两个阀门只能有一个动，而且必须一个关闭，另一个打开。

衣服：各处密布热水管

生活舱里保持着38℃~40℃的温度，潜水员在舱里穿着短袖等宽松的纯棉衣服。下海作业时，穿的是"热水服"：流动着热水的水管密布在衣服的各处，不停地给潜水员加热，以抵御海水的寒冷，补充潜水员呼吸氦气而被带走的热量，保持潜水员的正常体温。

·摘自《读者》（校园版）2020年第18期·

科学家憧憬未来的 5 个科学幻想

佚 名

在美国国会图书馆举行的一次有关人类文明持久性的研讨会上，数位美国国内的顶尖学者和未来学家预言了未来可能会带来什么。以下是发言者对未来的 5 个科学幻想。

气候灾难

不足为奇，越来越多的二氧化碳已经对地球气候构成重大威胁。卡内基科学学会全球生态部的肯·卡尔代拉说："除非人类想出一个办法大幅限制自身的碳足迹，否则地球将持续变暖，极端天气将变得更加频繁，许多物种和人类群落也将消失。"

仿生世界

生物学进入了一种复兴，从人类基因组测序到研发救命的疗法。

搜寻外星文明研究所的资深天文学家塞思·肖斯塔克说："个人面临的最大威胁是生物黑客行为。此类行为包括改变某种病毒的基因组，使其具有致命性；通过某个植入物把信息直接插入大脑等种种行为。"蓝色大理石空间科学研究所的行星气候学家雅各布·哈克·米斯拉说："人类甚至有可能发明一种'伦理植入体'。这样一种植入体可以确保人类在所面临的问题上看法一致。"

人工智能

科学家在人类是否研发出智能计算机或所谓"思维机"一事上存在巨大分歧。科幻电影《2001：太空漫游》中的超级电脑"哈尔"会成为现实吗？

科幻作家金·斯坦利·鲁宾逊不这么认为。他说："我们永远不会了解的一件事就是人脑。"

有些人认为智能机器有可能导致"奇点"。这是由发明家和未来学家雷·库日韦尔普及开来的一个术语，用来描述计算机超过人脑能力的那个点。

库日韦尔预言："这一情况将在 2045 年前出现。"但鲁宾逊等人对此持怀疑态度。

航天物种

人类在 1969 年登上月球，几十年后，人类有可能登上火星。人类将像"进取号"太空船（取自电影《星际迷航》）上的乘员那样漫游银河系。

天文学家、作家和科学史学家史蒂文·迪克说："太空探索的目的之一应该是让我们中的一些人离开地球，这样，一旦地球上发生重大事件，我们就不用从头开始了。"

尽管存在把人类送往太空的技术，但人们仍然非常依赖一个类似于地球的环境。鲁宾逊说："前往太空不会使人类免遭地球上的灾难，但它有可能赋予人们一个视角，来了解人类居住的这颗淡蓝色星球有多脆弱。"

外星人打电话回家

几乎没有什么事情比在宇宙中的其他区域发现生命对人类的影响更巨大了。

人类在历史上首次准备好寻找其他行星上的生命。美国航天局（NASA）的开普勒任务成功确定了有一些行星适宜人类居住。搜寻外星文明研究所也正在监听，有可能表明在那边存在技术文明的无线电信号。

计云追云：这条路，人迹罕至，但无比美好

李 喆

计云是一位特别关注奇异天象的科普博主，也是"天象大收集"的发起人之一。自从踏上"追云"之路，他不仅坐着高铁追云，还发现了不少天象在国内的"第一次"。

在宋家庄地铁站，见到计云的第一眼是这样的："毛寸"发型、T恤短裤、精瘦但一身肌肉，有着"开口脆"的北京腔……与想象中一肚子学问的"天象达人"还真的有些不同。

被"七彩祥云"震住，从此"入坑"

计云坦言，自己对自然万物的好奇，其实最早起源于昆虫。

计云出生于1987年，成长在20世纪90年代的北京。他印象很深，

小时候住的南三环外，当时还都是大野地，"一放学就去捉个蚂蚱逮个虫。晚上蹲在大树根下，等着蝉的幼虫从土里爬出来，看着它在凌晨时分脱了壳，羽化成蝉"，甚至在帮妈妈择菜的时候，翻出一只虫子他都会"研究"半天。

虽然家里并不富裕，但是爸爸妈妈对于他的兴趣一直特别支持。计云说："我小时候，各种自然类的科普书特别稀少，昆虫方面的一共就那么几本。那时还没有北京图书大厦这样的地方，我妈带着我几乎把北京城里的书店转遍了，将市面上有的昆虫科普书都给我买了。"

计云印象特深的是，第一次看到昆虫分类的专业工具书，"上下两册摞起来有字典那么厚，还是 16 开大开本。当时接触这种专业的资料，跟看那些科普画册就不一样了，一下子整个系统就被建立起来了——原来世界上有这么多种类的昆虫！"

后来计云考进了中国农业大学，因为这里有他喜欢的昆虫学专业。

走出大学校园，他逐渐把自己的爱好发展成了职业，并且从事了相关工作。从 2007 年到 2016 年，计云一边从事野生动植物调查研究，一边走遍了五湖四海，然而计云也没想到，自己没多久就拐上了另一条"人迹罕至，但无比美好"的路——研究和收集罕见天象。计云说："只要看过一次这类神奇天象，一下子就会'入坑'了。"

计云"入坑"，缘于 2012 年的一次"不期而遇"——"当时我正在百望山观鸟，就在仰着头看老鹰时，一眼瞥见了天边的一片云彩，它突然变成了一整片的'七彩祥云'。不同于常见的雨后彩虹（出现在太阳的对面），那片七彩的光晕就出现在太阳的同侧，染透了所有的云彩。当时我一下就被震住了，觉得特别神奇，回去多方查问得知，这是'环地平弧'，俗称'火彩虹'，它的形成不需要下雨，而是因为高空大气中的冰晶。"

他接着上网查询，"更加不可思议的是，搜索网站上说这是一种非常罕见的神奇天象，一个人一生中至多有幸见到一两次！"计云被深深震撼，进而查阅了大量资料。"原来光是'火彩虹'这样的冰晕类现象就有上百种，其形态各异、绝世罕见，无比奇幻、壮观。"从此，他开始追逐天象，一发而不可收。

云跑得太快怎么办？那就跳上高铁追！

刚开始，计云也像普通人一样，对天象没有什么科学认知，偶尔见到"月晕"都觉得特别神奇，甚至连"月晕"和"月华"都傻傻分不清。他记得小时候大人们总说"日晕三更雨，月晕午时风"，这样的天象一旦出现，就意味着未来一段时间很可能要变天。后来，有了系统的知识积累，再加上频繁的野外探索，"我好像推开了一扇新的大门，真的能看到许多神奇的天象！"

天象研究看起来似乎是完全陌生的领域，但计云一点也不觉得困难。"之前做过的昆虫研究、科考调查，给我打下了坚实的从事博物学的基础。"计云很自信，作为一个曾经的昆虫学学者，研究天象难不住他，"从认知方法和鉴定直觉来看，我觉得我都会是一流的。"

计云追过的最奇特的天象之一是糙面云——号称"世界上最怪的云"。这种云非常罕见，外观极端扭曲、奇幻，所以即使有少量照片记录，但因为样子太超越想象力又罕见，科学界始终没人敢直接承认或否认它。

从2006年开始，一批国外的观云爱好者开始收集糙面云的资料、提供有力的证据，并不断地游说相关机构，终于使糙面云在2017年得到了官方认可。这是近代科学几百年来都罕见的"底层爱好者'以下犯上'获得成功的例子，爱好者先于科学家去探索自然，最终结局还皆大欢喜"。有如此传奇背景的云，国内的天象爱好者当然也想尽快在国内发现它。

2013 年 10 月 14 日，机会终于出现在了北京。

当天，计云接到朋友的电话，说出现了很典型的糙面云奇观，而且云彩已经向东南方向急速飘走了。

"我住在南城，观测位置比较理想。我赶紧跑出去匆忙拍了几张照片，就眼见着云向东南方向的更远处飘去。我用了一些简单的测量方法，迅速判定糙面云大概是在向天津方向移动，于是赶紧下楼跳上地铁，到南站买票上了高铁，心想大不了损失一百多块车票钱。"功夫不负有心人，他没有错过这片云，最后还真就在武清站附近追上了那片糙面云。

他拍摄的糙面云，是当天所有拍摄的照片中最具代表性的，被收录在了《云与大气现象》一书中，这也成为我国糙面云的第一次正式观测记录。

看云，是一种纯净的沟通

计云越来越觉得，观察天空中这些神奇的自然现象，比单纯看一只鸟或者一朵奇花震撼。于是，普及和分享的念头在他心里也越发强烈。"我不想用一些生硬的科学描述或者数据，而是通俗地打个比喻，告诉大家这些东西到底是怎么回事，让大家了解到这个世界上居然有这么罕见的东西。"于是，他用了好几年的时间，通过多个自媒体渠道，展示了一个天象王国。"我要让大家知道，世界上都有哪些天象，以及这些天象的发生条件。"计云的每一次科普，都会吸引新的爱好者"入坑"，进而就有了全国网友参与支持的"天象大收集"——每天都会有全国的爱好者、网友投稿，虽然会耗费巨大的精力和时间，但计云觉得做这件事非常有意义。

"众人拾柴火焰高，我们一直在推广、发现、收集、积累，最后形成了研究国内神奇罕见天象的一个开创性的工作规模。"计云觉得，对世界的探知欲，是一种共同情怀和需求，也是很大的凝聚力，"无论什么样的人，从事什么样的工作，有什么样的社会地位，对于天象的情感，却是共通的。世间人，都曾看天上白云苍狗的变化。这是一种无言的沟通，让大家能够走近、交流。"

计云参与发起"天象大收集"以及建立"全国天象实时互报机制"的初心，就是想"从根儿上培养和维护这个圈子的纯净特质，大家自得其乐，并且能够共融"。

中国人发现的天象，正在刷新和颠覆世界学界的公知

计云说："中国人发现的天象，刷新和颠覆了世界学界的公知，这样的情况已经发生不止三五次了。"

前不久，群里有一个摄影爱好者刘海成，翻出了2014年在广西拍的彩虹，发到群里。计云发现，这是一种特殊的"多重分叉双子虹"，这张照片应该是目前世界范围内拍得最好的一张。没过两天，计云制作的关于这种彩虹的科普注解图，不知道怎么传到了国外社交平台上，被世界最著名的彩虹专家Haussmann博士看到。这位博士辗转通过邮箱联系到计云，又和拍照者取得联系，最后大家一块儿去交流、讨论，认定这张照片确实就是世界上最厉害的、最有价值的图片记录之一。计云说："现在Haussmann博士还在深入研究这张图片。"

除了被知名专家关注，很多业内的"大腕"也会和计云他们互动。"中央气象台《天气预报》主持人宋英杰老师也曾关注我们的工作，转发过一些我们拍摄的有关国内神奇天象的照片。"这让大家都很开心。

计云希望，"天象实时互报机制"能够进一步普及、细化，最好全国

各大城市、地区都有一定数量的网友联合起来，组成当地的实况观测圈子。任何人如果能第一时间发现新天象，可以根据它的动向，根据现有的预报模式，去让处于这片云下游位置的人，提前准备观测天象。同一个城市的人联合起来，也能够增加不同的观测样本和观测视角，这样可以尽量全面、科学、准确和丰富地记录各种天象。

　　每年，计云都会出一个全国神奇天象大排名，发布在微博和微信公众号上。其中包括许多在世界上都只有一次的传奇天象记录。这样的科普神帖吸引了更多的爱好者，近两年加入"全国天象大收集"的爱好者数量持续上升。"现在，天象记录的数量比七八年前多了太多，每年都呈指数性地上升。"计云说。

　　未来一两年内，计云想把天象知识更多地推广到科普层面，写出"更适合普通人的口味，又不失专业性"的读物，让即使不上网的人也有渠道获得相关的知识。

·摘自《读者》（校园版）2019 年第 17 期·

我们与大海的关联

陈 赛

关于西尔维亚·厄尔，有很多事情值得一提。

比如，乐高有一个以她的形象设计的小人模型，红色短发，绿色身体，脚上穿的是一对黄色的脚蹼。比如，她在海底潜水的时间加起来已经快要超过 8000 小时。比如，作为深海探索的先驱，她曾经多次作为海底观察员（相当于太空宇航员）在海底居住和考察，也曾经领导过 100 多次海底探险，还是好几项世界纪录的保持者——1979 年，她驾驶可穿戴式个人潜水器，顶着 41 标准大气压的水压，在太平洋 381 米深的海床上无缆行走了 2.5 小时，那是当时人类用脚探索海洋的最深纪录。

宇航员登月时，只能互相盯着看，但她的海底行走之旅有无数神奇的生命相伴。381 米深的海底不是一片漆黑，而是点缀着神奇的光亮——

会发光的鱼、闪着蓝色亮光的水母、格状花纹的蛇尾海星，像一座花园。

人们尊称她为"深海女王"，这是实至名归的。

我问她："你是否在长久的海底生活中获得了与鱼类对话的能力？"

她曾经在她的传记《无尽深蓝》中提过，1970年，她作为"玻陨石计划"第一批女性成员考察组的组长，在美属维尔京群岛的一个海下实验室（大约位于水下15米处）生活了两个星期，那是她第一次近距离地了解每一条鱼、每一丛珊瑚甚至每一只虾。

"它们就像猫和狗一样，每一只都有自己的特色。我可以分辨出住在我们实验室附近的每一条灰色的天使鱼，我知道哪一条鹦嘴鱼会在什么时候、在哪里睡觉，我也能通过某些奇怪独特的举动认出不同的梭鱼。"

"我曾经被鲸、海狮、鲨鱼、龙虾观察过。它们对我很好奇。它们看到自己的地盘里出现了一个奇怪的生物，想知道我到底是什么东西，就像我对它们感到好奇一样。"

"你真的能感觉到它们的好奇？"我问。

"当然！"她说，"有一次，一只年轻的龙虾正在海底行走，看到我，突然改变方向，朝我的位置游过来。我就坐在那儿，看着它用它的触须，碰了碰我的面罩。"

她说，建立与大海，以及与大海里这些生命之间的关联并不难，最好的方法就是亲自去看一看。

她经常说："不让一个孩子干着——让他们到自然里去，到水下去，与海洋亲密接触，去遇见鱼，看它们在广阔澄澈的海水里生龙活虎地游泳，而不是作为食物被摆在盛着柠檬片和黄油的盘子里。在某一个瞬间，你能理解我好几个小时也表达不了的东西。它会改变一切。"

"尊重其他的生命形态并不难。只要你允许自己跳出自己一点，试着用它们的眼光打量自己，想象你在它们的世界里，或者想象你是它们中的一员。你可以想象自己身为一只龙虾的生活：一只刚刚出生的小龙虾，所有动物都想吃掉你，但你幸运地活到了成年，你躲藏在海草里，从那些石头裂缝里偷看外面的世界……"

"如果每个人都能意识到，活着是一件多么特别的事情——在茫茫宇宙中，这么一个蓝色的星球，生命的存在本身就是一个奇迹，而我们各自能有一段属于自己的时间——无论你是谁，生命是长是短——可以参与其中，尊重我们从何处来，关心我们可能去向何处。"

地球上97%的水来自海洋，我们呼吸的每一口空气、喝的每一滴水都与海洋有关。但如今，"地球的蓝色心脏"岌岌可危。

从全球范围来看，珊瑚礁有一半已经消失，或者处于严重的退化状态。不断增加的二氧化碳排放量正在改变海洋的化学平衡，威胁海洋的生态系统。毁灭性的商业化捕捞导致90%的大型鱼类已经从海洋消失，包括金枪鱼、旗鱼、鲨鱼、鲱鱼、鳕鱼……

令她尤为痛心的是，这一切就发生在她的有生之年，而且在她的目睹之下。每次潜水，她都能看到人类留下的可怕印记，以及它们所造成的伤害。塑料垃圾在海上形成的巨大的"垃圾场"，长得可怕的漂网和绳子令无数海鸟丧命，还有那些轰鸣的船舶噪声，曾令多少鲸和海豚搁浅？因人类的所作所为而殒命，那些生命何其无辜？

但是，她认为，海洋所面临的最大的威胁，其实不在于我们向海洋倾泻了多少垃圾和毒素，或者我们从海洋里攫取了多少生命和资源，而在于我们对整个事态的无知而导致的心安理得。

"海洋是一个活的生命系统，所有碳的循环、氮的循环、氧气的循环，都由一个健康的海洋管控。但我们从海洋中攫取了如此多的野生生命，海洋的食物链、化学循环、营养循环都已经遭到破坏。这件事情如此危险，但大部分人对此一无所知。而且，正因为一切都是关联的，牵一发而动全身，亚洲发生的事情会影响非洲，北美发生的事情会影响南极，南极发生的事情会影响整个地球。"

在《拯救海洋的最佳时机》的结尾，她这样写道："我们现在正处于一个历史上的关键点，未来10年内我们做的决定将会影响未来1万年的走向。"

当然，现在距离她写下这句话，已经过去7年了。

·摘自《读者》（校园版）2020年第17期·

无家可归的宇航员

梁水源

　　茫茫的太空浩渺无边、寂静无声，一个人在偌大空寂的太空飘荡会是多么的冷清孤单。然而，有一位宇航员在太空飘荡的时候，自己的国家没了，无家可归的他在太空中飘荡了近一年，堪称"史上最惨宇航员"。他就是苏联宇航员克里卡列夫。

　　1958 年春天，克里卡列夫出生于列宁格勒（现名"彼得格勒"），父亲是工程师，母亲是教务主任。受父母的影响，他自幼对各种机械感兴趣，从机械学院毕业之后进入航天集团工作，负责调试各种太空设备，也会参与设计任务。1985 年，苏联"礼炮 7"号空间站任务失败，作为拯救小组成员之一，克里卡列夫凭借出色的技术能力，被苏联航空部门选中，成为一名宇航员。

经过 3 年的训练，克里卡列夫于 1988 年 11 月乘坐"联盟 TM-7"号宇宙飞船，成功进入"和平"号空间站。在太空工作了 115 天后，他完成任务顺利返回地球。1991 年 5 月，克里卡列夫再次飞向太空，一切都很顺利。在后来的几个月里，原空间站的宇航员，以及与他同行的宇航员，都陆续返回地球，只留下他一个人继续工作。克里卡列夫万万没想到，就当他在太空兢兢业业地工作时，地面上却发生了翻天覆地的变化，他的祖国解体了，四分五裂成了 15 个国家。各国乱成一团，忙着分家产，竟然忘了太空中还飘荡着一个宇航员克里卡列夫。

克里卡列夫就这么被遗忘了，与他同样倒霉的还有一个叫沃尔科夫的宇航员，他是在 1991 年 10 月升空来接替克里卡列夫的，才待两个月祖国就没了。国家没有了，地球暂时是回不去了，可是克里卡列夫始终保持着乐观的心态，坚信自己总有一天能够回到地球，回到自己的家。虽然苏联的主要航空力量都集中在俄罗斯，但是也离不开其他加盟国的合作。苏联解体后成立的 15 个国家，行政管理陷入一片混乱之中，他们忙得焦头烂额，似乎忘记了太空中还飘荡着两个苏联人。更让人感到绝望的是，分裂出去的国家都不愿意花大价钱接克里卡列夫和队友回家。

无家可归的克里卡列夫和沃尔科夫，被迫滞留太空，等待地球上的人收拾好烂摊子，再来接他们回去。于是，两人一起在太空里抱团取暖、默默等待。让他们料想不到的是，这一等就是近一年。在这段时间里，他们渐渐地感觉到自己被祖国遗忘了。后来，美国人向他们运送了一批基本物资，两人才没有饿死或渴死。一直到 1992 年 3 月，俄罗斯政府突然想起太空还飘荡着两个宇航员，于是决定派飞船将他们接回家。1992 年 3 月 17 日，滞留太空 311 天的克里卡列夫和沃尔科夫终于返回地球。在太空飘荡近一年，回来时国家变了模样，克里卡列夫被称为"最后的苏联人"。

　　返回地球后，克里卡列夫成了俄罗斯公民，继续奋斗在航天事业的第一线，不久后便和美国航天员一起，再次升空执行任务，成为第一个乘坐美国飞船升空的俄罗斯宇航员。2007 年，克里卡列夫正式退休，他一共在太空中待了 803 天 9 小时 39 分，创造了世界纪录，至今无人能破。后来，他在一家航天集团出任副总裁之职，堪称人生赢家。回想那次意外滞留，克里卡列夫不无感慨："没有国，哪有家？我曾经是一个无家可归的宇航员。"

·摘自《读者》（校园版）2020 年第 17 期·

地球上的火星村落

禹　南

1987 年 4 月，瑞典科学家希莱·温斯罗夫等人来到位于扎伊尔东部的原始森林进行考察。在那里，他们意外地发现了一个自称是火星人居住的村落。

温斯罗夫说，刚开始那个村落里的火星人并不愿意多理睬考察队员，经过多次接触后，火星人才同意接受访问，并带领考察队员参观了他们当年穿越宇宙来到地球时乘坐的飞船，尽管它只剩下了一些残骸。考察队员发现，这是一个半圆形的银色飞碟，它的表面已经锈迹斑斑了。

温斯罗夫介绍说，村落中的火星人有着黑色的皮肤与白色的眼睛，但没有瞳孔。他们之间用非洲土语交流，而在和考察队员交谈时，使用地道的英语和瑞典语。温斯罗夫了解到，这些火星人离开火星时，火星上正在流行瘟疫，这也是他们背井离乡的原因。190多年前，他们乘坐飞船来到地球避难。当时只有25人来到地球，现在人口已经繁衍到50多人。

在访问的过程中，考察人员发现这些火星人特别喜欢圆形图案，他们的房屋、室内陈设、日常使用的工具以及佩戴的饰品等几乎都是圆形的。虽然已经在地球上居住了很久，但他们仍然珍藏着太阳系和火星的详细地图。考察队员说，这些火星人还掌握着有关火星的宇航知识。令他们感到遗憾的是，虽然火星人十分想念火星，但没有办法回到那里了。

在结束访问时，火星人对考察队员说，希望地球上的人不要再干扰他们的生活，因为他们喜欢过平静的生活。

事后，很多人认为温斯罗夫访问的并非火星人村落，那些人只是隐居深山的地球人而已。但如果是这样，他们为什么会对宇宙知识了如指掌呢？另外，飞碟残骸是真实存在的，难道它只是地球人想象出来的吗？众多研究人员以及学者始终没有找到问题的答案。

事实上，地球上别的地方也有这样的村落，比如有人在巴西也发现了这样的火星人部落，它就坐落于亚马孙河流域巴西境内的原始森林里。1988年9月，德国人类学家威廉·谢尔盖曾对那个神秘的部落进行考察和访问。他走到那个部落的祭坛前时，立即被眼前的场景惊呆了，因为被部落崇拜、祭祀的"天空之神"竟然跟火星上的人面石一模一样。谢尔盖立刻对"天空之神"产生了浓厚的兴趣。为了详细了解"天空之神"的由来，谢尔盖询问了部落长老。部落长老并没有做出详细解释，只是不断重复着"红色行星"这四个字。谢尔盖后来忽然明白"红色行星"指的是火星，于是愈发兴奋地追问起来。这时，围上来的村民告诉他"天空之神"是天外使者带来的。

那么，天外使者是谁呢？他与"红色行星"——火星——有着怎样的联系呢？难道居住在这个神秘部落的居民都是火星人的后代吗？这着实令人困惑。

对于这个原始森林中的神秘部落，巴西政府始终保持沉默，但一位高级官员曾以私人身份说，亚马孙河流域确实有神秘部落和 UFO 接触过。

地球上神秘的火星村落似乎在向人们揭示一个事实——地球上居住着火星人！这是真的吗？长久以来的科学考察告诉人们，火星上并没有发现生命迹象。火星上存在生命吗？目前，这一问题仍无法得到确切答案。

我和大熊猫"同居"的日子

何天虎

给大熊猫当"奶爸"

大家好，我是何天虎。

10年前，我来到陕西的大熊猫繁育基地，成了一名饲养员。我运气还挺好，工作两个月之后，我饲养的那只大熊猫就生下了一只熊猫宝宝。熊猫宝宝刚出生时，身体比较弱，而熊猫妈妈非常尽责地照顾它，常常抱着它待在原地不动，连食物也不去找。

当时，我的工作内容之一就是喂熊猫。我会把竹叶一片一片地剪下来，然后卷成一团，递给熊猫让它吃。如果你动作太慢，它等得不耐烦，还会回头给你一个眼神，好像在问："你是怎么回事？怎么动作这么慢呢？

你这个饲养员还想不想干了？"

和熊猫相处久了，我发现熊猫特别像人：它们的前掌特别灵活，可以轻松抓起东西，吃东西会用前掌来拿，抱孩子也会用前掌去抱。

2014 年，我到了世界自然基金会，第一次见到了野生大熊猫。其实，熊猫相对于其他动物，性格是很温和的，这和它的生活习惯有关系。它吃竹子，就不再是捕食动物。但它毕竟是熊，其他动物也很少会去攻击它。在野外，它跟其他动物的关系算是比较佛系的——我吃我的竹子，你们爱干吗干吗去，别来惹我。

熊猫和人之间的关系就比较曲折。熊猫的历史有 800 万年，而且它的发源地就在中国。人类从森林里面出来，开始搞农耕。"刀耕火种"，就是放火把森林烧了，在上面种地。这样熊猫和其他动物的栖息地就被压缩了。

再往后，我们搞工业化，需要更加方便的交通，就开始四处修路。我们把修路这个工程叫作线性工程，因为它真的就像一条一条的线一样，这些道路把熊猫的栖息地分割成了很多碎片。

大熊猫栖息地的碎片化很早就引起了国家的关注。咱们国家是非常重视大熊猫保护的，目前已经建成了 67 个大熊猫保护区。

走廊带重建 15 年后才初见成效

大熊猫是非常有魅力的动物，WWF（世界自然基金会）一直致力于野生大熊猫的保护。我们这么多年做的事情，其实总结起来就是两个方面：第一，恢复被破坏的大熊猫栖息地；第二，寻找人和大熊猫相处的新方式。

要恢复栖息地，比较重要的工作就是建立走廊带，把破碎的栖息地重新连接起来。

举一个有关秦岭的例子，20 世纪 70 年代，国家修了一条公路——

108 国道。它横穿秦岭，刚好也穿过了秦岭大熊猫的核心种群的生活地带，把这个种群分成了两块。西边这一块，大熊猫的数量有 200 多只，还比较稳定。东边这一块，只有 20 来只，这些大熊猫就处于比较高的灭绝风险中。

后来，国家在秦岭又修了一条隧道，这条公路就被废弃了。我们就和当地的保护区决定，在这里建一条走廊带，把这条公路封起来。

公路封闭之后，大熊猫就可以从这边走到那边去了吗？其实没有那么简单，因为大熊猫真的是一种不太喜欢运动的动物，它每天总共就走几百米，而且还得边走边吃，没有食物的地方它是不去的。

所以我们就要做两件事情：第一就是空间上的联通，把路封起来，不让人进去干扰；第二就是恢复这里的植被，尤其是竹林。

2018 年，我们终于看到有一只大熊猫在隧道北侧的公路上活动，这才证明这个走廊带是初步见效的，而这前后经历了大概 15 年的时间。

另外一个工作，就是解决人和熊猫相处的问题。

大熊猫的分布区生活着很多老百姓。为了保护大熊猫生活的地方，他们被要求不准砍树、不准挖药，也不准打猎。当地许多老百姓都是靠山吃山的，现在怎么办呢？ WWF 在保护区必须要做的一件事情，就是在不破坏环境的前提下，帮助当地的社区发展经济，比如发展中草药的种植和生态友好的农家乐等，以及让老百姓做巡护员，直接参与保护工作。

保护大熊猫的意义

我们把熊猫叫作伞护种，因为保护了熊猫，和它有关联的森林、森林中的动植物、水源、空气、土地等等都可以得到保护，我们人类也或多或少享受到了保护大熊猫所带来的生态效应。

我是一个科学乐观主义者，我觉得人类的未来一定非常了不起。到那时，我们回过头来看今天的生态、气候方面的一些问题，可能就会有一种洞若观火的感觉。那时候，我们可能才会真正明白，像大熊猫这样让我们达成一致去保护的动物，对这个世界的过去、现在、将来，到底有什么样的意义。

·摘自《读者》（校园版）2020 年第 17 期·

在南极科考是一种怎样的体验

婉如谷帅

2019 年 12 月底，我和其他科研人员从智利坐上了去往南极的科考船。路途漫漫，我们在海上航行了四五天。

航行途中经过了德雷克海峡，它是全世界最危险的航道之一，处在著名的西风带上。南极圈没有陆地的阻挡，西风猛烈地吹，船在行驶过程中不停地摇晃。

天气比较差时，会涌起七八米高的巨浪，船身的晃动也更剧烈。晚上睡觉时，身体会随着船身左右摇晃，甚至被摇醒，睡得很不踏实。吃饭的时候，碗会在桌子上来回移动。如果你正坐在椅子上看电影，有些椅子没有固定住，你就会跟着椅子从这边的墙滑到对面的墙。晚上洗澡的难度更大，花洒的水来回甩动，你需要跟着它移动，有点练杂技的感觉。

不过，一两天就能适应了。

我抵达科考站的前一天，船路过第一个南极的岛时，旁边有一块冰川，驾驶室的工作人员告诉大家，前面已经可以看到南极了，我赶紧跑到甲板上看冰川。眼前的整个世界都是白色的，远处的鸟在高耸的冰川旁边飞着，很震撼，周围的人都在欢呼、拍照。

到达科考站那天的天气不错，天空是明亮的蓝色。科考站紧挨着海边，我上岸后，一扭头就看见旁边是冰川，还有很多企鹅在我身边走来走去。我站在科考站的门口，跟身边新认识的朋友聊着天，恍然意识到自己真的到了原本以为只存在于想象中的南极，挺不真实的。

帕尔默站的主要建筑是两座楼，包括实验室、办公区域、餐厅和宿舍，还有仓库、车库等。站里满员的时候大概有 40 多个人，一半是科考人员，他们的研究方向多种多样，有鲸鱼、企鹅、磷虾等生物，还有海洋、大气等各个学科的专家；另外一半是负责维持站里正常运转的工作人员，比如医生、厨师、运输人员等。

帕尔默站所在的南极半岛在夏天时没有大家想象中那么冷，月平均气温在 0℃左右，短时间待在室外穿一件毛衣和一件厚外套就够了。夏天的紫外线强烈，实验室门口的走廊上，总会摆放着一些防晒的装备。

刚来站里时，我隐约听到了打雷的声音，后来才发现是冰川上的冰块掉入海里的声音。这样的声音经常会听到，掉下来的冰块会在海面上砸出波浪，如果站在岸边，过一会儿就会看到水面的波浪，海面上也常飘着碎冰。

在这里，你能明显感受到随着全球变暖，冰川一直在消退。帕尔默站在 1968 年选址时为了方便获取淡水建在了冰川旁边，现在科考站位置没变，但冰川已经退到很远了。

我在南极的主要研究任务是检测海水是否存在固氮，科研任务非常重，我经常在站内的实验室通宵做实验，做到次日早晨才去睡觉，有时等我起床的时候，大家都下班了，一天也见不到什么人。

有一次，一些研究鲸鱼的同事兴奋地拿着一袋红色的东西回来了，那是他们第一次采集到鲸鱼的排泄物。然后站里开始广播，告诉大家有人采集到一些鲸鱼的排泄物，可以来参观。为了晾干排泄物做实验，工作人员将它摊在实验室后就走了，室内弥漫着一股难以描述的味道。那天我还得留下来通宵做实验，于是一个晚上都很崩溃。

每周我有两天需要出海采集海水样本。出海的前一天，我通常要忙到深夜一两点才睡觉，早上6点多就要起床，准备出海要携带的采样工具等。

每次出海，会有3名科研人员和1名船员同行。我们将需要的装备都放到船上，然后在办公室的黑板上登记清楚，向站里相关负责人汇报完毕，就可以出发了。如果去比较远的采样站，大概得坐20分钟的船。

出海采样的小船颠簸得很厉害，一般等我到达采样站点时就已经将早饭"贡献"给了企鹅。采样时需要盯住采水器和采样瓶，人随着船身的无规律晃动很容易会感到不适。还好一起出海的其他两名科考队员可以互相帮助采样，这样效率也会更高。

除了做研究，每位科考队员还需要负责一些科考站的日常工作，每周我们都会通过抓阄进行一次大扫除，抽到的纸条上有指定的任务。在这里，连擦桌子都很有讲究，接触食物的桌子和不接触食物的桌子得使用不同的消毒剂和清洁方法，这都是科考站运营50多年积累下来的经验。

科考站对环境保护的要求很严格。站里有专门负责垃圾处理的工作人员，将做实验和生活产生的垃圾打包收起来，全部运到智利统一处理，不能丢下任何垃圾。

所有意外丢在外面的东西也要严格登记，比如有人在码头吃饭时掉了一个勺子到海里，要进行登记上报。有一次，我采样时滑倒了，把一个塑料的采样瓶掉进水里，那时已经是下班时间了，站里的同事还是马上开着小船帮我把漂走的瓶子捡了回来。

下班后，我偶尔会跟同事出站去徒步。科考站后面就有一片可以徒步的冰川，但没有路，要先爬过一片碎石，才能到达冰川底下。人们在冰川上用旗子标记了一片 T 字形的区域，冰川边缘会有裂缝，很危险，所有人只能在两排旗子中间走。冰川很硬，走的时间久了可能会有点硌脚，到最高点之后，可以俯瞰科考站、海和冰川。

大年三十那天，我正好出海采样，晚上通宵做实验就当"守岁"了，吃了一顿泡面寻找中国味道。我还在红纸上写了一个"福"字贴在实验室里。作为当时站内唯一的中国人，春节期间，我选了一个空闲的周日，带着美国同事一起包饺子吃。

每次有科研人员要坐船离开时，站里的人就会用跳水来告别，这是一个延续多年的传统。科考船渐渐开起来，船上的人站在甲板上挥手，科考站里的人也站在码头上向他们挥手，等船离开码头，伴随着尖叫声，站里的"勇士"跃入水中。

我在南极跳了 3 次水，第 3 次跳是为了送别科考船，我从码头上直接跳到水里，大概有两三米高。跳之前穿着短裤在室外觉得很冷，但最冷的还是下水的时候，一头扎下去，整个人都被浸在水中。我从来没有过那么强的求生欲，只想赶紧从水里出来。不过只要出水回到岸上，就一点都不冷了。

不久之后，我也要离开南极，走的那天，许多同事在码头上向我挥手。

我凝视着白茫茫的世界，来时的那种不真实的感觉，在离开时又变得真切。92 个日夜过得飞快，我也只是科考站 50 多年历史中的过客，但这里已经成为我记忆中浓墨重彩的一笔。

·摘自《读者》(校园版) 2020 年第 17 期·

余天一：中国版"植物猎人"

木 子

余天一，1996 年出生在北京，从 9 岁起就疯狂地爱上了植物。一次，他得到一本《常见野花》，就沉迷于其中的植物图，接着又看《北京植物志》。很快，植物图鉴就满足不了他的胃口了。

有一天，余天一偶然在书上看到绿绒蒿，瞬间就被它湛蓝的颜色吸引。这是一种野生高山花卉，生长在海拔 3000 ~ 4000 米的流石滩和冰川的前缘。初一暑假，余天一终于说服妈妈带他去云南，虽然走之前查阅了不少资料，但这次并没有看到绿绒蒿的踪迹。

他不甘心，初中毕业后再一次踏上绿绒蒿寻找之旅。一位中科院昆明植物研究所的博士，带他爬上海拔 4000 米的高山。背着沉重的单反相机和微距镜头，经过走几步歇一会儿的艰难行程，余天一终于在流石滩上看到了挺拔鲜艳的绿绒蒿。后来，他就有了"少年植物痴"的雅号。

其间，余天一从野生动植物科普图书入门，自学了林业专业的大学课程，某些方面的知识水准相当于"林业大学毕业生"。从小学到高中，他没有任何一个暑假宅在家中，全部用来到全国各地"寻宝"。

在余天一眼里，任何植物都深藏着许多秘密。他要记录它们的成长，要为它们写日记。他的微博上贴过一张岩生银莲花的照片，那是他和几位植物爱好者探险时偶然发现的。一大丛岩生的银莲花，如白衣仙子般在风中舞蹈着，花朵很大，贴着地生长。当时下着雨，他们只好轮流打伞和拍照。那一个个惊艳的刹那，无比珍贵。

余天一很崇拜恩斯特·威尔逊，这位英国皇家植物园丘园的花匠，为了寻找奇花异草，于1899年春天来到中国，风餐露宿，进行了长达12年的植物采集历程。余天一想做一名中国版"植物猎人"，去各种偏僻的地方寻找稀有植物。这些年来，他跑遍了北京周边所有的湿地。余天一最爱一种叫槭叶铁线莲的植物，它是北京的特有物种，生于山区岩壁或是土坡之上，花朵洁白，类似动物界的大熊猫。余天一觉得槭叶铁线莲可以带动整个区域生态环境的保护，他呼吁更多的人重视北京的植物多样性。

2014年高考完不到一个星期，18岁的余天一就接到了IBE徐健老师的邀请，同一批植物专家一起参加了对青海澜沧江源的调查，他负责那次行动的植物拍摄工作。这也是他第一次亲身经历植物调查，他是其中年龄最小的成员。

IBE是影像生物多样性调查所，主要是针对某一地区生态、物种的多样性进行影像方面的调查，搜集物种的信息，包括它的GPS位置、拍摄细节。这样可以让更多的人了解到十万八千里外的动植物是什么状态，同时为生物多样性的保护提出可行性建议。余天一觉得此举意义非凡！

在澜沧江囊谦河段的岩壁上，余天一和队友找到了 20 世纪末才被发现的物种——王氏白马芥。还有仅分布在流石滩的圆穗兔耳草，青海标志性物种青海刺参，以及绢毛苣等。这次青海之行，他们创造了发现 6 个植物品种的新纪录。而此前，它们被认为早已"销声匿迹"。

澜沧江源头附近有一个叫扎西拉乌寺的地方，上面不远处就是雪豹的栖息地。令余天一惊讶的是，当地动物与人类和谐共存，基本没有距离，植物也是一样。这也让他在颇受启发的同时，更加坚定了做"环境卫士"的决心！

也正因为这份执着的热爱，2014 年，余天一考入北京林业大学环境艺术设计专业，业余时间投入到植物科学绘画工作中。2015 年，他开始在《博物》杂志开设专栏，进行科普文章和科学绘画创作。之后，他还与他人合作，出版了《桃之夭夭》一书。

此后几年，余天一还多次为新物种及科普文章创作墨线图和彩色插图，图文先后在《人与生物圈》《中国国家地理》《知识就是力量》《中国绿色时报》《森林与人类》等媒体上发表，并广受好评。2017 年，他还获得第 19 届国际植物学大会植物艺术画展银奖。

如今，余天一的足迹更是遍布辽宁、内蒙古、河北、浙江、山西、新疆、四川等省区。在一些人迹罕至的野外，余天一常常可以发现物种新记录。

平时，余天一还利用微博、微信等新媒体平台进行科普宣传，使公众认识湿地之美，从而自觉珍爱湿地及其生物多样性，最终为自然保护事业汇聚更多力量。余天一还在"知乎"上热心解答网友关于植物的疑难问题，向公众介绍各种珍稀物种。到 2019 年，余天一已成为拥有大批粉丝的"网红植物大神"，以及媒体眼中的"博物学家"！

·摘自《读者》（校园版）2020 年第 2 期·